KB044467

일잘러를 위한 이메일 가이드 101

일러두기

1. 외국어를 표기할 때 국립국어원에서 정한 외래어 표기법을 따랐다. 표기법에 명시되지 않은 단어는 발음 기호를 따랐다.
2. 웹진, 잡지, 다큐멘터리, 디지털 콘텐츠 등 제목은 홑화살괄호(〈 〉)로, 단행본과 정기간행물 제목은 겹화살괄호(《 》)로 묶었다.
3. 지메일에서 표기한 대로 기능적인 의미를 뜻하는 '받는사람' '숨은참조' '스팸함' 등은 띄어 쓰지 않고, 작은따옴표를 삽입해 표기했다.
4. 가독성을 위해 큰따옴표와 작은따옴표로 처리한 단어를 나열할 때 쉼표를 생략했다.
5. 가독성을 위해 '주'에서 기사, 논문, 블로그를 뜻하는 기호를 사용하지 않았다.

일잘러를 위한 위한 이메일 가이드

101

SO QUICK
SO PROFESSIONAL

조성도 지음

book by PUBLY

○

수많은 커뮤니케이션 도구 중 가장 사랑하는 도구가 뭐냐고 묻는다면, 나는 단연코 이메일을 꼽겠다. 1999년 말, 이메일 계정을 처음 만들어본 경험은 놀라웠다. 태어날 때부터 주어진 '박소령'이라는 이름이 아니라, 내 정체성을 드러낼 수 있는 의미를 담은 아이디를 직접 짓는다는 점이 가장 인상적이었다.(고심 끝에 당시 좋아하던 만화 주인공 이름을 골랐다.) 2004년, 지메일이라는 신세계를 접했다. 초대장을 받아야만 이메일 계정을 만들 수 있다는 신비스러움 때문에 지메일을 가진 이가 곧 얼리어답터의 상징으로 통하던 시절이었다. 이때부터 영문명을 이메일 아이디로 쓰기 시작했는데, 비즈니스 이메일은 그래야만 한다는 이야기를 어디에선가 들었던 것 같다. 그 후 직장 생활을 하고, 대학원에서 공부를 하며 이메일 학습에 대한 폭도 확장되었다. 글로벌 비즈니스와 학업용으로 이메일을 10년 가까이 사용하다가 그 바깥 영역에서 만난 사람들과 이메일로 커뮤니케이션을 하며 업무 환경에 따라 이메일 사용법이 참 많이 다르다는 걸 깨달았다. 조성도 저자가 이 책에 쓴 메시지목차02는 그래서 강렬하다.

"많은 직장인이 매일 수많은 이메일을 주고받지만 이메일을 작성하고 다루는 수준은 천차만별이다. 매일 이메일을 쓰면서도 우리는 왜 이메일을 잘 쓰는 게 어려울까?

제대로 배운 적이 없기 때문이다. 대학에서도 이메일 작성법을 강의하는 경우가 드물고, 내부 매뉴얼이 잘 갖춰진 곳이 아니면 회사에서 배우기도 쉽지 않다. 참고할 책이 있나 찾아봐도, 영어로 이메일 쓰는 법 같은 외국어 학습 카테고리에 속한 것들뿐이다. 운이 좋으면 학생들이 아무렇게나 보내는 이메일에 질린 교수에게 배우거나, 실력 있는 상사에게 스킬을 전수받을 수 있다. 이 책은 그런 행운이 닿지 못한 사람들을 위한 것이다."

1994년부터 이메일을 써온 전문가 조성도 저자가 20년 이상 축적한 노하우가 담긴 이 책을 통해, 많은 독자가 '운을 경험하길' 바란다.

PUBLY퍼블리와 밀도 높은 협업을 진행하며 언제나 깊은 호수 같은 평온함을 보여준 조성도 저자, 2018년 1월에 출간한 book by PUBLY북 바이 퍼블리 《일하는 여자들》을 시작으로 PUBLY 콘텐츠를 책이라는 그릇에 알맞게 담아준 출판 파트너 미래엔 박현미 본부장과 이명연 에디터, 밤이 깊어서도 조성도 저자와 이메일을 쉼 없이 주고받으며 PUBLY 콘텐츠 '비즈니스 이메일 101'을 제작한 최우창 프로젝트 매니저, 마지막으로 PUBLY의 시작부터 끝까지 모든 것을 이끄는 김안나 CCO에게 축하와 고마움을 전한다.

프롤로그 PROLOGUE

2018년 5월
PUBLY, CEO 박소령

○

　어떻게 하면 '이메일 스트레스'를 덜 수 있을
까? 이 책을 쓴 발단은 2012년 8월에 쓴 이메일
한 통을 우연히 발견하면서다. 발단이 된 이메일
제목은 '일하는 방법 개선 제안'이었다. 대부분 이
메일 사용법에 대한 내용을 다루었다. 그 이메일
은 슬로워크Slowalk에 디렉터로 입사한 직후 내가
모든 동료에게 보낸 당부였다. 제목 작성법, 받는
사람to과 참조cc, 숨은참조bcc를 어떤 경우에 사용
하는지, 또 답장을 보내야 하는 경우와 전체답장

을 보내야 하는 경우는 어떻게 다른지 설명했다. 그러니까 2012년에 보냈던 그 이메일이 이 책의 초고인 셈이다.

2012년, 당시 슬로워크는 작은 디자인 에이전시였다. 디자인 퀄리티는 뛰어났지만 고객과 커뮤니케이션하는 노하우가 부족했다. 이메일을 잘못 써서 디자인 결과물도 덩달아 무시받는 일도 종종 벌어졌다. 디자인 결과물이 아무리 뛰어나더라도 이메일을 제대로 못 쓰면 '일을 못한다'는 피드백을 받는 직원도 있었다. 나는 디렉터로서 조직의 핵심 역량에 커뮤니케이션 능력이 더해지면 고객의 만족도를 더 높일 수 있다고 판단했다. 내가 잘 알고, 쉽게 바꿀 수 있는 것부터 개선하기로 했고 그 첫 단추가 이메일 작성법에 대한 이메일이었다.

이메일을 보낸 후 조직 내부에 바로 변화가 생기지는 않았다. 직원들이 이메일을 읽었는지도 알 수 없을 정도로 별다른 반응이 없었다. 그래서 동료들이 내가 쓴 이메일을 참고할 수 있도록 나부터 솔선수범해 이메일을 잘 쓰려고 노력했다.

이메일로 기록을 남기는 것이 왜 중요한지, 이메일보다 전화를 선호하는 고객을 어떻게 하면 이메일로 유도할 수 있는지 등 이메일을 제대로 작성하는 업무 습관이 얼마나 효율적이고 중요한지 지속적으로 피력했다. 동료가 나를 참조해 이메일을 보냈을 때 부족한 점이 보이면 수정할 부분을 바로 전달하고, '이렇게 써보면 어떨까?' 재작성해 보여주기도 했다. 이메일을 주제로 사내 교육도 하고, 그 내용을 바탕으로 슬로워크 블로그에

'효율적인 일 처리의 기본, 이메일 사용 팁 공개!' 라는 글도 작성하며 나의 '이메일 철학'을 더욱 단단하게 굳혀나갔다. 그렇게 몇 년을 노력하니 "슬로워크 직원들이 이메일을 잘 쓰는데, 비결이 뭐냐"면서 이메일 작성법 강의를 요청하는 고객도 생겨났다.

1994년, 난생처음 이메일 주소를 만들었을 때부터 나는 이메일을 좋아했다. 그때 만든 이메일 주소를 여전히 기억하고, 단숨에 타이핑할 수 있다. 1999년에 세계 각지의 친구들과 '원격근무'를 하며 청소년 웹진 〈채널텐Ch.10〉을 운영할 때도 잡담은 인스턴트 메신저인 ICQ로 주고받았지만 중요한 내용은 이메일로 공유했다. 비즈니스 이메일의 중요성은 대학생 때 '우리는 이메일 회사'라는 자부심이 충만했던 다음커뮤니케이션(현 카카오)에서 인턴십을 하며 많이 배웠는데, 당시 이재웅 CEO는 "이메일로 연락하는 게 더 빠르다"면서 명함에 휴대폰 번호를 적지 않았다. 아무것도 모르는 인턴에게 이메일 사용법을 가르쳐주던 김경화 팀장은 이 책 '이메일 덕후 사전'에서 다룬 '온라인 우표제'를 이끈 사람이기도 했다. 고수들에게 훈련을 받으며 나는 이메일의 중요성을 설파하는 '이메일 덕후'가 되었다.

슬로워크에서 스티비Stibee라는 이메일 마케팅 서비스를 준비하며 비즈니스 이메일에도 더 많은 관심이 생겼다. 마케팅 이메일과 비즈니스 이메일은 기능과 비전이 달라 보이지만 서로 영향을 주고받는, 떼려야 뗄 수 없는 관계다.

마케팅 이메일은 '어떻게 하면 비즈니스 이메일처럼 보이게 해서 오픈율을 높일까'를 고민하고, 비즈니스 이메일은 '어떻게 하면 마케팅 이메일의 최신 기능을 접목해볼까'를 고민한다. 그렇게 스티비를 통해 비즈니스 이메일에 대해서도 더 많이 알게 되고, 꾸준히 소셜 미디어에 이메일과 관련된 글을 올렸다. 그러던 와중에 '입사지원자를 위한 이메일 주소 가이드'라는 글을 개인 블로그에 게시했는데, 그 글을 보고 PUBLY 최우창 프로젝트 매니저가 이메일을 보내왔다. 제목은 이러했다. "'이메일 커뮤니케이션' 프로젝트 제안 건으로 연락 드립니다." 처음에는 쉽게 생각했다. '내가 알고 있는 내용을 잘 정리하면 되겠지' 싶었는데, 리포트를 작성하면서 공부가 더 필요하다는 걸 깨달았다.

PUBLY 프로젝트 종료 후, PUBLY가 미래엔 출판사와 협업해 출간하는 종이책 브랜드 book by PUBLY에서 출간 제의가 들어왔다. 덕분에 PUBLY 리포트에서 미처 다루지 못한 부분을 채워 넣을 수 있었다.

리포트를 완성하고 오프라인 세미나를 개최할 수 있게 도와준 PUBLY 최우창 프로젝트 매니저, 임보라 에디터, 손현 에디터, 정윤 커뮤니티 매니저, 김안나 CCO 그리고 관련 기사를 전달하며 풍성한 콘텐츠를 만들 수 있게 도와준 박소령 CEO 등 PUBLY 멤버 모든 분에게 감사드린다. 완성도 높은 책을 만들기 위해 많은 추가 아이템을 제안하고, 지난 석 달간 저자로서 나를 이끌어준 미래엔 이명연 편집자에게도 고맙다는 인사를 전한다.

무엇보다 6년 가까이 저자의 날 선 이메일 피드백과 각종 제안을 수용하고 긍정적으로 받아들인 슬로워크 동료들 덕분에 이 책이 나올 수 있었다.

2018년 5월
저자 조성도

CONTENTS

직업별
이럴 땐 이렇게

체크리스트

칼퇴를 부르는
이메일 작성법

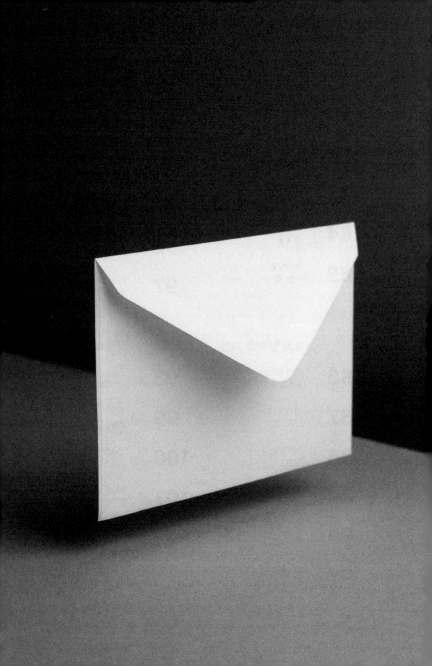

행운의 편지

앞으로 당신은 이메일을 제대로 작성하게 될 겁니다. '이메일을 제대로 작성한다'는 건 소득 없는 미팅 횟수를 줄이고, 맥락 없는 고객의 갑질을 예방하고, 두서 없는 상사의 지시를 간파하고, 업무 갈피를 잡지 못하는 신입 사원이 업무 감각을 깨우친다는 의미입니다. 매일 쏟아지는 이메일에 숨통이 막히고, 이메일을 작성할 때마다 머리카락이 빠지고, 휴가는 이메일 수신 알림으로 엉망이 되었나요? 당신이 고쳐 쓴 이메일이 지난했던 인생을 변화시킬 겁니다.

01

이메일 잘 쓰기,
왜 중요한가?

———

페북보다 보편적이다
카톡보다 안전하다

딥마인드 CEO 데미스 허사비스Demis Hassabis, 최순실 그리고 문재인 대통령의 대북 특사단. 이들의 공통점은 무엇일까? 바로 중요한 제안을 전달할 때 이메일을 사용했다는 점이다. 다큐멘터리 〈알파고〉(AlphaGo, 2017)를 보면 알파고 개발사인 딥마인드가 프로 바둑 기사 판후이Fan Hui 2단에게 알파고와 대결을 제안하는 이메일을 보낸다. 박근혜 정부의 국정 농단 사건 핵심 인물인 최순실은 태블릿 PC에서 'greatpark1819@gmail.com'이라는 이메일 계정을 사용해 대통령 연설문 수정 사항을 보냈다. 2018년 3월 5일에 방북한 대북 특사단은 전화와 메신저를 사용할 수 없었기 때문에 청와대에 이메일로 소식을 전달했다.[1] 이처럼 이메일은 심지어 북한에서도 사용할 수 있는 디지털 커뮤니케이션 수단이다.

전 세계 이메일 사용자는 약 28억 명으로 추산되는데,[2] 페이스북은 이에 한참 못 미치는 20억 명 수준이다.[3] 페이스북과 카카오톡을 사용하지 않는 사람에게도 이메일 주소는 있다. (특정 회사가 소유하고 운영하는 SNS나 메신저와는 달리) 어떤 회사도 이메일이라는 플랫폼을 소유하고 있지 않다.

이메일은 모든 플랫폼과 운영체제, 장비에서 의도된 대로 안정적으로 작동한다. 이러한 이메일의 특장점은 오늘날 매우 가치 있다.[4]

이메일은 누구나, 어디에서든 사용할 수 있어 사람들과 소통하거나 업무를 볼 때 필수 수단으로 작용한다. 카카오톡 대화 내역은 스마트폰을 '새 기기'로 변경하기만 해도 사라지기 일쑤지만 이메일은 일부러 계정을 삭제하지 않는 한 그 내역이 모두 남아 있다. 심지어 내 계정에서 사라졌더라도 이메일을 받은 상대방의 계정에는 남아 있을 수 있다. 이메일은 보편성, 안정성, 영속성에서 다른 커뮤니케이션 수단과 비교가 안 되기 때문에 그만큼 잘 쓰고 잘 다루는 기술이 중요하다.

02

이메일 잘 쓰기,
왜 어려울까?

글재주와 상관없다
경력과도 무관하다

이메일 한 통을 보내기 위해 오랜 시간 고민해 본 경험이 있을 것이다. '받은편지함'에 쌓인 수많은 이메일에 스트레스를 받은 경험도 있을 테다. 이메일은 비즈니스를 하고 소통하는 데 필수 수단이지만, 그 사용법을 제대로 알고 있는 사람은 의외로 많지 않다. 이메일을 잘 쓰는 능력이야 말로 성공적인 비즈니스, 깔끔한 정시 퇴근, 참된 워라밸Work & Life Balance, 일과 삶의 균형을 완성하는 데 필요한 기초 소양인데 말이다.

업종, 직책, 경력과 상관없다. 이메일을 잘 쓰는 능력은 누구에게나 필요하다. 입사지원서를 제출할 때, 투자자에게 사업을 소개할 때, 퇴사 소식을 알릴 때 등 우리는 많은 순간에 이메일을 쓴다. 인생의 기로에 선 순간뿐 아니라 매일 반복되는 자

질구레한 업무를 처리할 때도 마찬가지다. 많은 직장인이 매일 수많은 이메일을 주고받지만 이메일을 작성하고 다루는 수준은 천차만별이다. 매일 이메일을 쓰면서도 우리는 왜 이메일을 잘 쓰는 게 어려울까?

제대로 배운 적이 없기 때문이다. 대학에서도 이메일 작성법을 강의하는 경우가 드물고, 내부 매뉴얼이 잘 갖춰진 곳이 아니라면 회사에서 배우기도 쉽지 않다. 참고할 책이 있나 찾아봐도 영어로 이메일 쓰는 법 같은 외국어 학습 카테고리에 속한 것들뿐이다. 운이 좋으면 학생들이 아무렇게나 보내는 이메일에 질린 교수에게 배우거나, 실력 있는 상사에게 스킬을 전수받을 수 있다. 이 책은 그런 행운이 닿지 못한 사람들을 위한 것이다.

이메일을 잘 쓰는 데 특출난 글쓰기 실력이 필요한 것은 아니다. 기능을 정확히 이해하고, 필수 형식을 익히고, 몇 가지 팁만 습득해도 수신자의 행동을 유도하는 이메일을 보낼 수 있다.

03

이메일 쓰는 법
제대로 배우자

———

취준생도 대표님도!

1994년, 내가 초등학교 5학년 때 처음 이메일 주소를 가졌다. 1997년, 비즈니스 목적으로 이메일을 처음 보낸 때다. 중학교 2학년 때 청소년 웹진 편집장을 맡으며 이메일을 사용했는데, 정말 엉망으로 사용했다. 그러다가 직장인들이 주고받는 이메일을 보며 제목은 어떻게 써야 하고 본문에서는 무엇을 요구해야 하는지 알아갔지만, 어깨너머로 배우는 셈이어서 여전히 부족했다.

비즈니스 이메일 쓰기의 기초를 닦은 시기는 2004년, 다음커뮤니케이션에서 대학생 인턴십을 할 때였다. 회사는 디자인 시안 컨펌을 받는 과정부터 출장 보고서를 제출하기까지 다양한 업무를 이메일로 처리했다. 모든 업무를 이메일로 처리하는 방식이 지금이야 자연스러운 풍경이지만 당시

만 해도 생소했다. 이메일로 소통하는 이유가 궁금해 팀장에게 물었다. 대답은 명쾌했다. "이메일 서비스를 하는 회사라서." 당시 다음커뮤니케이션은 여러 직원들이 '제목 작성 규칙' 등을 제안하며 효율적인 이메일 사용을 꾸준히 시도했다. 초보 인턴인 내겐 그 움직임이 생소하면서도 과연 쓸모 있을까 의심스럽기도 했다. 이메일 하나만 잘 써도 복잡한 업무 사슬을 해결할 수 있다는 걸 깨닫는 데에는 오랜 시간이 걸리지 않았다. 말하는 사람과 듣는 사람 모두에게 글은 말보다 정확했고, 이메일을 쓰는 게 회의를 하는 것보다 시간이 덜 소요됐다. 이메일 고수들에게서 이메일을 작성하고 활용하는 법을 제대로 배운 건 행운이었다.

시간이 흘러 지금은 슬로워크에서 일하고 있다. 슬로워크의 주 사업은 고객의 의뢰에 따라 디자인과 IT 솔루션을 제작하는 것이다. 영리와 비영리, 공공 영역을 포함한 다양한 업종의 고객과 소통하며 각 조직의 특성과 이메일 생태계를 파악하게 되었다. 예를 들어 대부분 공공 기관 네트워크에서는 구글 드라이브Google Drive와 드롭박스Dropbox 등 클라우드 스토리지[5]에서 제공하는 다운로드 URL에 접근하지 못한다. 따라서 대용량 파일을 이메일로 전달하려면 네이버 메일에서 '내게 쓰기' 기능으로 대용량 파일 첨부를 한 후, 그 다운로드 링크를 복사해 이메일 본문에 삽입해야 한다.^{목차41} 모 전자 회사에 20MB를 초과하는 파일을 첨부해 이메일을 보내면 되돌아오기 때문에 역시 네이버 메일의 대용량 파일 첨부 기능을 활용해야 한다. 모 철강 회사에서 보낸 이메일을 읽을 때는 첨부된 파일이 복호화[6]되었는지 매번 확인해야 한다. 이처럼 이메일 커뮤니케이션을 하려면 고려해야 하는 사항이 많은데, 정보가 파편화되어 있어 제대로 전달되지 못한다.

슬로워크에서 최고운영책임자 겸 이사COO, Chief Operating Officer로 일하는 동안에는 입사지원자들의 이메일을 읽어볼 기회도 많이 생겼다. 푸르다, 베짱이, 잇힝 등 정말 '귀여운' 발신자 이름들, 수신자가 어떤 행동을 취하기를 원하는지 답장을 보내 물어봐야 하는 본문 텍스트, 용량이 수백 메가바이트인 포트폴리오 파일 등을 보며 이들 역시 이메일 쓰는 법을 제대로 배운 적이 없다는 것을 깨달았다. 실제로 한국고용정보원이 발간한 '2016 대졸자직업이동경로조사 기초분석보고서'에 따르면 '대학 재학 시 배웠으면 업무에 도움이 되었을

능력'에 대해 응답자의 19.1%가 의사소통 능력을 꼽았다.[7]

#이메일알못_{알못:무엇을 알지 못하는 사람을 일컫는 줄임말}에 대학생, 취업 준비생, 신입사원만 해당하는 건 아니다. 업무 경력이 상당한 사람들 중에도 이메일을 제대로 쓰지 못하는 사람이 많다. 그들에게 도움을 줄 수 있고, 이 글을 쓰는 나 스스로도 이메일 스킬을 계속 점검해볼 수 있는 가이드가 있으면 좋겠다는 생각을 했다. 잘 쓴 이메일 한 통은 천 냥 빚을 갚을 수도 있고, 천 시간을 아낄 수도 있기 때문이다.

04

전화가 불나는 것보다
받은편지함이
넘치는 게 낫다

———

이메일은 기억한다

이메일을 잘 활용하면 업무 효율성을 상당히 끌어올릴 수 있다. "전화가 불나는 것보다 받은편지함이 넘치는 게 낫다." 내가 우리 회사 동료들에게 종종 하는 말이다. 전화 통화를 한 뒤에는 그 내용을 따로 기록해야 하지만 이메일은 그럴 필요가 없다. 내용이 모두 기록되고 저장되기 때문이다. 업무 내용을 상기하거나 약속한 일정이 생각나지 않을 때, 상대와 의견을 나누며 변경된 사항 중 간과한 부분이 없는지 확인할 때 이메일은 똑똑한 비서 노릇을 한다. 편지함에 저장된 히스토리가 정확한 정보를 제공하기 때문이다. 알다시피 이메일에는 검색 기능이 있어 필요한 내용을 찾기 수월하다.

05

산만한 대화보다
차분한 이메일이
낫다

말꼬리 잡는 회의는 그만

이메일로 소통할 때 가장 효율적인 부분은 '정확한 의사소통'에 있다. 오프라인에서 주고받는 대화는 대부분 즉시 반응해야 한다. 상대의 요구나 요청이 합당한지, 실현 가능한지 생각할 시간이 그만큼 줄어든다. 또 상대의 말을 주관적으로 이해할 여지도 크다. 이메일은 수신자, 발신자 모두 자신의 입장, 상황, 의견을 정확하게 전달하고 상대의 메시지를 객관적으로 파악할 수 있다. 참조, 전달, 구글 그룹스목차67 등 이메일 기능을 잘 활용하면 제3자에게도 내용을 정확하게 공유할 수 있다.

06

이메일은
타이밍을
잡는다

———

프로는 한 끗 차

인생은 타이밍이란 말이 있다. 타이밍을 놓치지 않는 고수들의 총알은 바로 이메일이다. 나는 처음 거래하는 고객에게서 이메일을 받으면 즉시 답장을 보낸다. 고객이 전화해 "이메일을 보냈으니 확인해달라"고 할 때 이미 답장을 보낸 경우도 많다. 이게 반복되면 고객은 나에게 연락하는 방법 중 이메일이 가장 빠르고 정확하다는 것을 인식하게 된다. 타이밍을 잡으면, 이메일로 소통하는 관계가 자연스럽게 형성되고 다음 단계로 업무를 빠르게 발전시킬 수 있다.

이메일이 만능은 아니다. 그렇지만 정말 중요하고 효율적인 커뮤니케이션 수단이다. 이 책을 통해 독자가 이메일 스킬을 업그레이드해 이메일을 보내는 목적을 달성하기를 바란다.

이메일 계정
만들기

이메일을 잘 쓰기 위한 첫 단추는 이메일 계정을 잘 만드는 것입니다. 어떤 이메일 서비스를 선택하는지에 따라 나의 이메일 사용 습관과 사용 효율이 달라지고, 이메일 주소를 어떻게 작명하는지에 따라 상대방이 나를 바라보는 인상이 달라집니다. 이메일 계정이 제대로 세팅되지 않으면 이메일의 본문 내용을 아무리 훌륭하게 작성하더라도 상대방이 의심목차8 을 품을 수 있습니다.

07

이메일 주소,
다시 만들어도
괜찮다

———

비즈니스 공식

이메일은 'id@domain.com' 형식으로 이루어져 있다. 여기서 아이디는 일반적으로 계정 주인의 이름을 나타내고, 도메인domain.com은 소속을 나타낸다. 물론 지메일이나 네이버 메일처럼 누구나 가입할 수 있는 이메일 서비스를 이용한다면 도메인이 소속을 드러내지 않는다는 점을 인지하자.

직장인이라면 대부분 지메일이나 네이버 메일 같은 개인용 이메일과 직장에서 발급받은 업무용 이메일, 두 종류의 이메일 주소를 갖고 있다. 직장인이 아닌 대학생이나 취업 준비생, 프리랜서 등이라면 개인용 이메일 주소를, 직장인이라면 회사에서 발급받은 업무용 이메일 주소를 떠올려보자. 아이디와 도메인이 무엇으로 설정되어 있는가?

오른쪽에 있는 '아마추어스러운 이메일 주소 특징 5'를 잘 살펴보자. 떠올린 아이디와 도메인에 해당하는 사항을 체크해 이메일 주소를 다시 만들기를 권한다.

아마추어스러운 이메일 주소 특징 5

☐ 이메일 주소 아이디를 봤을 때, 이름이 즉각적으로 연상되지 않는다.

☐ 이메일 주소 아이디에 숫자가 포함되어 있다.

☐ 회사에서 사용하는 업무용 이메일 주소지만 회사 도메인을 사용하고 있지 않다.

☐ paran.com, empas.com 등 서비스를 중단한 포털 사이트 도메인을 사용하고 있다.

☐ 퇴사한 직장의 도메인을 사용하고 있다.

08

이메일 주소는
비즈니스의 시작

인간관계와 이메일의 공통점
첫인상이 중요하다

상대방이 내 이메일 주소를 아는 순간이 이메일 커뮤니케이션의 시작이다. 이메일 주소가 첫인상에 영향을 미치기 때문이다. 입사지원서를 이메일로 받아보면 정말 다양한 이메일 주소와 발신자 이름을 접하게 된다. 입사지원자의 이름과 이메일 주소가 전혀 관련이 없을 경우, 첫인상에 부정적인 영향을 미친다. 오랜 기간 사용한 개인 이메일 주소라면, 그 이메일 아이디ID로 구글링을 해봤을 때 내 의도와 무관하게 과거의 행적을 검색할 수도 있다. 따라서 개인 이메일 주소와 비즈니스용 이메일 주소를 분리하는 것이 좋다. 입사지원서를 보내는 것도 비즈니스의 일부다.

hr@domain.com, design@domain.com처럼 본인의 업무를 이메일 아이디로 사용하는 경우도 심심치 않게 볼 수 있다. 해당 업무나 회사를 대표하는 계정이라면 모를까, 주 업무용으로 개인이 사용하는 계정이라면 바람직하지 않다. 지금은 회사에서 디자인 업무를 혼자 담당할 수도 있지만, 디자이너를 새로 채용한다면 그 사람의 이메일 아이디는 어떻게 될 것인가? 내가 퇴사한다면 후임자에게 이메일 아이디도 물려주고 갈 것인가? 본인의 업무를 이메일 아이디로 사용하는 경우도 목차 7에서 밝힌 '아마추어스러운 이메일 주소, 특징 5' 중 첫 번째 조건^{이름이 즉각적으로 연상되지 않는다}에 해당하기 때문에 이메일 주소를 새로 만들기를 권장한다.

　오른쪽 예시처럼 회사에서 사용하는 업무용 이메일 주소인데 지메일이나 네이버, 다음 메일을 사용하는 경우도 적잖게 볼 수 있다. 체계가 없어 전문성이 떨어져 보이는 것은 물론이고, 브랜딩에 전혀 신경 쓰지 않는 회사로 보인다. 이메일 주소를 밝힌 사람이 그 회사에 고용되거나 함께 일하는 사람이 맞는지 정확하게 파악할 수 없는 점도 아쉽다.

국내 모 잡지사 일부 직원들의 이메일

09

책임지지 못할
도메인은 버려라

———

쓸데없는 미련은 버려라

이메일 계정을 만든 지 오래되었다면, 도메인을 살펴보자. paran.com, empas.com과 같은 도메인은 아직 이메일을 수신할 수는 있지만 언제 서비스가 중단될지 알 수 없다.

혹시 과거에 속했던 회사의 도메인을 사용하고 있지는 않은지도 살펴보자. 그 회사와 협의되었더라도, 언제 방침을 바꿀지 모르기 때문에 미리 계정을 새로 만드는 것이 좋다. 늦었다고 생각할 때가 가장 빠르다. '이 주소를 몇 년이나 썼는데!' 하고 아까워할 필요 없다.

10

새로운
이메일 주소
만들기

잘 만든 주소
평생 간다

이메일 주소를 새로 만들 때 지켜야 할 점 5

☐ 지금 다니는 회사의 도메인을 사용한다. ▶목차9

☐ 직장인이 아니거나 개인용 주소를 만든다면, 스레드[8]보기를 지원하고 대용량 스토리지를 제공하는 이메일 서비스를 선택한다. ▶목차12

☐ 아이디는 이름이 즉각 연상되도록 이름을 그대로 사용하거나 이니셜을 사용한다. ▶목차13

☐ 이름과 이니셜 모두 이미 다른 사람이 아이디로 사용 중이라면, 이름 또는 이니셜에 나의 전문성을 드러내는 단어를 추가한다. ▶목차15

☐ 아이디에 숫자를 넣지 않는다. ▶목차16

11

비즈니스에 개인 이메일 주소는 금물

———

업무용 계정은 필수

직장인이라면 꼭 회사에서 발급받은 이메일 주소를 사용하자. 회사 업무를 하는데 개인 이메일 주소를 사용한다면 상대방에게 신뢰를 얻기 어렵다. 아이러니하게도 정부 부처 공무원들이 업무를 할 때 개인 이메일 주소를 사용하는 것을 종종 목격했다. 정부 부처에서는 id@korea.kr 주소를 사용하는데, 사무실에서만 korea.kr 이메일에 접속할 수 있다면서 명함에 개인 이메일 주소를 따로 적어줬다.(2018년 현재, korea.kr 이메일은 모바일 환경에서도 접속할 수 있도록 개선되었다.) 이렇게 회사에서 사용하는 이메일 서비스가 불편하다면 지메일과 아웃룩에서 제공하는 기업용 서비스 사용을 건의해보자.

12

이메일 서비스
선택 기준은?

스레드 보기와 저장 용량

새로 이메일 주소를 만든다면 어떤 서비스를 선택할지 고민될 것이다. 가장 중요한 선택 기준은 '스레드 보기' 지원 여부다. '스레드 보기'는 '대화형 보기'라고도 하는데, 이메일을 주고받을 때 대화 내용을 일목요연하게 확인할 수 있는 기능이다. 내가 보낸 이메일에 상대방이 바로 답장한다면 그 내용이 하나의 제목으로 묶인다. 웹브라우저로 접속했을 때, 지메일과 아웃룩, 두레이Dooray는 스레드 보기를 완벽하게 지원하지만 네이버와 다음은 그렇지 않다.

스레드 보기 기능은 한 가지 주제로 이메일을 여러 차례 주고받을 때 특히 유용하다. 이메일에 답장을 하면 제목 맨 앞에 자동으로 답장reply을 뜻하는 'Re:'가 붙는다. 스레드 보기 기능을 완벽하

〈일잘러를 위한 이메일 가이드 101〉 예제 `받은편지함 ✕`

👤 **조성도(지메일)**	일잘러를 위한 이메일 가이드	10월 28일(2일 전) ☆
👤 **조성도(네이버)**	전체답장을 해보자	10월 28일(2일 전) ☆
👤 **조성도(다음)**		10월 28일(2일 전) ↩ ▾

조성도(네이버), 나에게 ▾

서비스별 이메일 스레드는 어떻게 다를까?

스레드 보기를 완벽하게 지원하는 지메일
답장을 보내도 제목에 'Re:'가 붙지 않고 주고받은 이메일이 스레드 하나로 묶인다.

☐ ☆ ✉	**조성도(다음)**	RE: RE:〈일잘러를 위한 이메일 가이드…	10-28 17:18
☐ ☆ 2▾	**조성도(네이버)**	RE:〈일잘러를 위한 이메일 가이드 101〉…	10-28 17:17
☐ ☆ ✉	**조성도(네이버)**	[보낸메일함] RE:〈일잘러를 위한 이메일…	10-28 17:17
☐ ☆ ✉	**조성도(지메일)**	[받은메일함]〈일잘러를 위한 이메일…	10-28 17:17

스레드 보기를 불완전하게 지원하는 네이버 메일

☐ ☆ ✉	**조성도(네이버)**	RE:〈일잘러를 위한 이메일 가이드 101〉 예제	17.10.28 17:17
☐ ☆ ✉	**조성도(지메일)**	〈일잘러를 위한 이메일 가이드 101〉 예제	17.10.28 17:17

스레드 보기를 지원하지 않는 다음 메일

게 지원하면 'Re:'가 붙은 이메일을 하나로 묶어 히스토리를 쉽게 파악할 수 있다. 스레드 보기 기능이 불완전하면 답장에 답장을 거듭할수록 제목에 'Re: Re: Re:' 행렬이 길어진다. 스레드 보기를 지원하지 않는 이메일 서비스에서는 제목 내용이 저 뒤로 밀려나고 'Re:'밖에 보이지 않는 경우가 많다.

이메일 서비스가 저장 용량을 얼만큼 제공하는지도 중요하다. 이메일의 장점은 검색이 용이하다는 것인데, 저장 용량이 부족해 주고받은 이메일을 삭제해야 한다면 검색 기능이 쓸모없기 때문이다. 2018년 5월 기준으로 지메일과 아웃룩은 15GB의 저장 용량을 제공하며, 다음은 11GB, 네이버는 5GB를 제공하고 있다.

13

ID로 정체성을 드러내라

손 많이 가는 사람이
되지 말자

이름이 즉각 연상되지 않는 아이디

- wjddnjs@domain.com
- uxman@domain.com
- sharpsim@domain.com

이메일 주소를 만드는 가장 중요한 목적은 사용하는 사람의 정체성을 드러내는 것이다. 아이디를 봤을 때, 이름이 즉각적으로 연상되어야 한다. 한글 이름을 영문 자판으로 입력했거나, 다른 사람들이 잘 모르는 사적인 별명을 아이디로 사용하고 있거나, 내가 좋아하는 캐릭터 등 특정 대상이나 명칭을 아이디로 사용하는 경우가 있다. 아이디와 이름이 직관적으로 연결되지 않거나 관련성이 모호하다면 상대방이 나의 이메일 주소를 기억하기 어렵다. 어차피 명함에 이메일 주소가 적혀 있고, 주소록에 저장해두면 된다고 생각할 수도 있다. 그렇지만 전화로 이메일 주소를 전달하는 경우도 있고, 상대방이 이메일을 작성할 때 수고를 덜어 줄 수 있다.

기억하기 어려운 이메일 주소를 가진 사람에 게 이메일을 보낼 때마다 주소를 확인해야 하는 그 번거로움! 아는 사람은 알 테다. 그래서 아이 디를 이름 그대로 사용하길 권장한다. sungdo@ domain.com, sungdo.cho@domain.com, sungdocho@domain.com, chosungdo@ domain.com 등을 생각해 볼 수 있다. 영문 이름 이 너무 길다면 s.cho@domain.com, sdcho@ domain.com 등 이니셜을 사용할 수도 있다. 성 이 특이하다면 성만 사용하는 것도 괜찮다.

이메일 아이디에는 영문과 숫자뿐 아니라 일부 기호도 사용할 수 있다. 대부분 기호는 아이디 첫 자리에 올 수 없다. 지메일에서는 마침표를 사용할 수 있다. 네이버 메일에서는 마침표를 사용할 수 없는 대신 밑줄_과 붙임표-를 사용할 수 있다. 다음 메일에서는 마침표와 밑줄, 붙임표 모두 사용할 수 있다. 이렇게 아이디에 기호를 추가할 때는 이름과 성을 구분하는 등 꼭 필요한 부분에 한 번만 사용하자. 기호가 여러 개 들어가면 이메일 주소를 입력할 때 실수할 가능성이 높아진다. 스마트폰에서는 기호를 입력할 때 키보드 전환을 해야 해 입력 과정이 불편하다.

14

나는 왜 아이디에 이름을 사용하지 않을까?

———

펭도 사유

pengdo@slowalk.co.kr. 내가 사용하는 이메일 주소다. 책에 쓴 대로라면 이름을 사용한 주소, 예를 들면 주소를 sungdo@slowalk.co.kr로 만들어야 한다. '펭도pengdo'는 내가 1996년부터 인터넷에서 사용한 닉네임으로, 20년 넘게 '펭도'로 대외 활동을 해왔기에 본명과 다름없는 닉네임이다. 이렇듯 본명만큼 널리 사용하는 닉네임이 있다면 그것을 아이디로 삼는 것도 좋다. 본명이 아닌 닉네임을 아이디로 사용하려면 다음 내용을 고려하자. 고객이 회사에 전화해 본명이 아닌 닉네임으로 나를 찾을 수 있는가? 많은 사람이 모인 콘퍼런스에서 닉네임으로 나를 소개할 수 있는가? 그렇지 않은 닉네임이라면 이메일 아이디로 사용하지 않는 것을 권한다.

PS 펭도는 왜 '펭도'일까? 펭귄과 성도의 합성어다. 저자 조성도가 초등학교 때 별명이 펭귄이었다.

15

이미 사용 중인
아이디입니다

———

이름 + @, 취준생 필독!

이름이나 이니셜을 사용해 만든 아이디를 이미 다른 사람이 사용 중이라면 아이디에 단어를 붙여 보자. 이때 어떤 단어를 선택하느냐가 관건이다. 이름 앞뒤에 붙이는 단어로 자신이 속한 팀이나 자신이 맡고 있는 전문 분야를 드러내자. sungdo.hr@domain.com, design.cho@domain.com 등을 고려할 수 있다. 특히 입사지원자가 이 방식을 사용하면 자신이 원하는 직무를 이메일 주소로 피력할 수 있다. 그동안 입사지원자들의 이메일을 많이 받아보았는데, 잘 짜인 이메일 주소는 분명 좋은 첫인상을 남긴다.

16

ID에 숫자를
넣지 마라

—

오타 유발자들

이름이 즉각 연상되지 않는 아이디

- j2j7431@domain.com
- yjw8525@domain.com
- jungwon03@domain.com
- youngmin84@domain.com

이메일을 제대로 작성하는 것도 중요하지만, 수신자에게 이메일을 잘 전달하는 것만큼 더 중요한 게 있을까. 이메일 아이디에 숫자를 사용하면 상대방이 이메일을 보낼 때 잘못 입력하는 실수를 범할 가능성이 높아진다. 혹은 통화 중 이메일 주소를 전달할 경우 상대방에게 숫자 2가 영자 e로 들릴 수도 있다. 주소를 잘못 적은 이메일이 되돌아오는 경우는 그래도 운이 따른 거다. 프로젝트나 회사 기밀을 이름도, 얼굴도 모르는 누군가에게 전달했다고 상상해보자. 혹은 외부로 노출되어선 안 되는 본인의 업무 내용이나 회사 정보가 엉뚱한 곳에 전달되었다면? 이메일을 잘못 보낸 상대방을 (혹은 자신을) 탓한들 무슨 소용이 있을까. 그런다고 발송 취소가 되는 것도 아닌데 말이다.

군이 이메일 주소에 자신의 생년월일을 기입하는 경우도 흔하다. 기억하자. 비즈니스 파트너에게 나이와 생일을 밝힐 이유가 없다. 프라이버시와 비즈니스를 구분할 줄 모르는 사람, 개인 정보를 흘리고 다니는 이메일 아이디는 전문적이지 않아 보일 뿐 아니라 허술해 보이기까지 한다. 동료나 비즈니스 파트너 외에 이메일 주소를 쉽게 접할 수 있는 직업도 있다. 기자를 예로 들 수 있다.

TV 뉴스, 신문 기사에서 기자 이메일이 노출된다. 이때 이메일 주소에 숫자를 사용한 사례를 심심찮게 발견할 수 있다. 중앙일보 윤설영 기자의 이메일 주소는 snow0@joongang.co.kr인데, 설영이라는 이름을 snow와 0의 조합으로 만든 점이 기발하고, 기억에 많이 남는다.

이는 특이한 이메일 주소를 많이 사용하는 기자 직종의 특수한 사례라 할 수 있다. KBS 박대기 기자는 waiting@kbs.co.kr이라는 이메일 주소로 화제를 모으기도 했다. 기자들의 이메일 주소를 보면 재미있는 경우가 많지만 이를 따라 해 비즈니스 이메일 계정에서 사용하는 것은 지양하길 바란다.

17

발신자 이름은
본명으로
설정하라

———

이 사람이 누구더라

이메일 주소를 새로 만들었다면, 발신자 이름을 설정할 차례다. 혹시 발신자명을 본명이 아닌 엉뚱한 이름으로 설정하진 않았는지 살펴보자. 발신자명이 본명과 다르면, 상대방이 이메일을 받을 때마다 '이 사람이 누구지?' 헷갈릴 수 있다. 또 상대방이 편지함에서 받은 이메일을 검색할 때도 보낸 사람이 지은 엉뚱한 이름은 함정이 된다. 엉뚱한 이름으로 발신자명을 설정하면, 상대방이 받은 이메일을 찾는 데 애먹을 수 있다.

 조성도 ⟨pengdo@slowalk.co.kr⟩
Woochang, Soryoung, Anna, Saehoon, Hyun에게

안녕하세요 우창 님,
밤늦게 확인해주셔서 감사합니다 :)

본명 '조성도'가 발신자 이름이다.

발신자 이름은 업무 특성에 따라 국문을 사용할
수도, 영문을 사용할 수도 있다. 경우에 따라 이름
뒤에 닉네임이나 직함, 부서명을 붙이기도 한다.
발신자 이름은 언제든 쉽게 변경할 수 있기 때문
에 이메일 주소에 비해 다양한 시도를 해볼 수 있
다. 단, 눈길을 끌기 위해 유명인을 사칭하거나 특
수문자나 이모지[9]를 넣지 말자. 비즈니스 파트너
나 이메일 수신자에게 가벼운 인상을 주고, 스팸
으로 오인받을 수 있다.

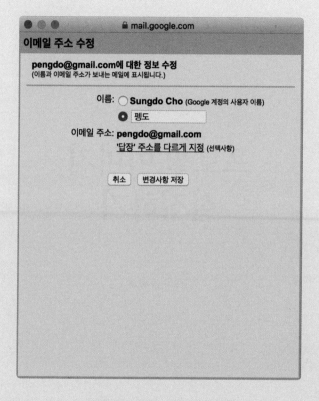

지메일에서 발신자 이름 설정하는 법

18

프로필 이미지
설정하기

돈보이는 효과

프로필 이미지를 설정하면 상대의 편지함에서 내가 보낸 이메일이 다른 이메일보다 눈에 띄는 효과를 거둘 수 있다. 프로필 이미지를 설정해놓은 사람이 많지 않기 때문이다. 자신을 잘 표현할 수 있는 이미지라면 꼭 얼굴이 나온 이미지가 아니어도 괜찮다. 프로필 이미지는 이메일 서비스마다 다르게 설정된다. 그렇지만 내가 어떤 이메일 서비스를 사용하든지 지메일을 사용하는 사람의 받은편지함에서 내 프로필 이미지를 보이게 할 수 있다. 구글에서 지메일 말고 다른 이메일 주소로 계정을 만들 수 있는 기능을 활용하자. 구글 [계정 만들기] 페이지에서 '사용자 이름'을 입력할 때 '대신 현재 이메일 주소 사용'을 선택해 계정을 만든 후 프로필 이미지를 설정하면 된다.

19

이메일 서명,
디자인하기

———

깨알홍보구역

이제는 이메일 서명을 디자인할 차례다. 디자인을 해야 한다고 겁먹지 말자. 이메일 서명은 단순하게 만드는 것이 좋다. 이메일 서명이 너무 길면 본문보다 서명이 더 긴 상황이 벌어질 수도 있고, 이메일 서명이 너무 화려하면 이메일 용량이 필요 이상으로 커질 수도 있다. 특히 상대방이 모바일에서 이메일을 확인하는 경우를 고려해야 한다. 따라서 서명에는 꼭 필요한 정보만 넣고, 이미지 사용은 최소화하자. 개인이 사용할 서명이라면 간단히 텍스트 세 줄 정도로 이메일 서명을 구성하면 된다.

이메일 서명을 통해 진행하는 프로젝트나 기업을 홍보하는 메시지를 전달하는 것도 좋은 방법이다. 링크를 넣어 클릭을 유도할 수도 있다. 특히 구성원 수가 많고, 내부에서 주고받는 이메일이 많은 조직에서는 노동조합 등 사내 활동을 홍보하는 데 이메일 서명을 활용하기도 한다.

조성도 펭도 Cho, Sungdo

COO · CX아키텍트 · 스티비 커뮤니티매니저
휴대폰 010-0000-0000

slowalk. slowalk.co.kr

슬로워크의 이메일 서명. 텍스트와 선으로만 이루어져 있다.

—
PUBLY
최우창 Woochang Choi

woochang@publy.co I publy.co
서울시 강남구 테헤란로 87길 29(삼성동 ME타워) 8층(06167)

PUBLY의 이메일 서명 역시 마찬가지다.

이메일 서명의 필수 정보

☐ 국문 이름

☐ 회사명

☐ 회사 웹사이트 주소

이메일 서명의 선택 정보

☐ 영문 이름

☐ 닉네임

☐ 직함

☐ 사내 직통번호

☐ 휴대폰 번호

☐ 회사 한글 주소

☐ 회사 영문 주소

☐ 개인 또는 회사의 소셜 미디어 주소

☐ 기업 · 프로젝트를 홍보하는 메시지

20

서명 디자인
필수 원칙 5

이메일은 서명발

이메일 서명을 만들었다면, 아래 원칙을 적용해 완성하자.

서명 디자인 필수 원칙 5

☐ 이미지 용량은 적을수록 좋다.

☐ 너무 많은 링크를 넣지 않는다.

☐ 인용구도 넣지 않는다.

☐ 이메일 서명이 본문 읽기를 방해하면 안 된다.

☐ 지메일, 아웃룩, 네이버, 다음 등 여러 계정으로 발송해보고 발송한 이메일을 PC와 모바일에서 모두 확인하자.

21

추천하는
이메일 서명
생성기 5

———

프로이메일러의 노하우

회사에서 공통으로 사용할 서명을 만들어야 하는 경우에는 이메일 서명 생성기를 사용하자. 서명에 들어갈 정보만 입력하면 정해진 템플릿에 따라 자동으로 서명을 생성해주기 때문에 디자인 툴이나 HTML 코드를 몰라도 괜찮은 서명을 만들 수 있다. 다만 서명 생성기는 표준 템플릿을 제공할 뿐, 칸을 채우기 위해 불필요한 정보를 넣지 않도록 유의하자.

개인이라면 간단히 텍스트 세 줄 정도로 이메일 서명을 구성하면 된다. 하지만 회사에서 공통으로 사용할 서명을 만들어야 한다면 얘기가 다르다. 여러 사람이 사용할 일관된 포맷이 필요하다면 아래와 같은 '이메일 서명 생성기'를 사용해보자.

시그너처 Signature

가장 빠르게 필요한 정보만 가지고 이메일 서명을 만들 수 있다. si.gnatu.re

허브스폿 이메일 시그너처 템플릿 제너레이터

Hubspot Email Signature Template Generator

클릭을 유도하는 CTA_{Call-to-Action} 버튼과 허브스폿에서 발행한 마케팅 인증서를 서명에 추가할 수 있다.

www.hubspot.com/email-signature-generator

와이즈스탬프 WiseStamp

내 블로그의 가장 최신 글, 내 유튜브 채널의 가장 최신 동영상 등을 자동으로 불러와 서명에 삽입할 수 있는 'Dynamic' 기능이 있다. webapp.wisestamp.com

마이시그너처 MySignature

페이스북과 링크드인의 프로필 정보를 가져와 빠르게 서명을 만들 수 있다. mysignature.io

블레이드 Blade

크롬 브라우저에 설치해 사용하는 확장 기능이다. 여러 서명을 등록해놓고, 지메일에서 이메일을 작성할 때 원하는 서명을 선택해 사용할 수 있다. bladesignatures.com

이렇게 이메일 주소와 발신자 이름에 이어 서명 디자인까지 하면 기본적인 이메일 계정 세팅이 끝난 셈이다. 다음 장에서는 이메일 작성법을 본격적으로 알아보자.

이메일 작성법

이메일은 제안서와 같습니다. 상대방을 설득해 내가 원하는 행동을 하도록 유도해야 합니다. 이메일을 받는 상대방이 나보다 큰 권한을 갖고 있는 사람이라면 더 많은 공을 들여야 하지요. 그렇다고 이메일 한 통을 작성하는 데 하루 종일 시간을 쓸 수는 없습니다. 기본 원칙을 익히고, 몇 번 연습해보면 어렵지 않게 상대방의 행동을 유도할 수 있습니다.

22

스레드 하나에
주제도 하나

———

이메일이 산으로 가지 않게

주소와 발신자 이름을 설정했으니 이제 본격적으로 이메일을 작성할 차례다. 이 장에서는 이메일 한 통을 구성하는 각각의 요소를 어떻게 작성하는지 자세히 소개한다.

구체적인 내용을 알아보기 전에 확실히 짚고 넘어가야 할 것이 있다. '이메일 스레드 하나에 주제도 하나'라는 원칙이다. 비즈니스 이메일은 잡담을 나누는 용도가 아니다. 스레드 하나에 여러 주제를 다루면 추후 발신자와 수신자가 내용을 확인하거나 편지함에서 검색하기도 어렵다. 이메일을 주고받다가 이야기가 다른 주제로 흘러간다면? 새로운 이메일 제목을 작성해 스레드를 분리해야한다.

Subject　**채용 의사 결정 단계 설정 및 정규 구성원 외 채용 정책 관련**

각 팀에서 연간 인력 계획과 무관한 채용 이슈가 갑자기 발생했다. 한시적인 업무 로드에 따른 요청으로 판단된다. 과거에는 단기 용역 계약에 문제가 없었으나 최근 A팀과 B팀의 요청에는 문제가 있다. 용역 계약 및 단기 채용 정책이 확립되지 않아 인사팀에서 혼란이 발생하고 있다.

위 이메일을 보면 제목에서 두 가지 주제를 다루고 있다. 이 두 가지를 하나로 묶어 판단해야 하는 것이 아니라면 두 개의 스레드로 분리하는 게 적절하다. 그리고 본문을 읽어보면 제목이 내용을 제대로 반영하고 있다고 볼 수 없다. 그래서 아래

와 같이 두 개의 스레드로 분리하고, 본문을 정확
히 반영하는 제목으로 이메일을 발송하는 것이 바
람직하다.

email 01

email 02

23

제목 쓰기

첫 번째 이메일이
첫 단추!

한 번만 보내고 끝나는 이메일은 거의 없다. 그래서 첫 번째 이메일을 보낼 때 제목을 어떻게 작성하느냐가 정말 중요하다. 제목을 새로 작성해 새로운 스레드를 시작하는 방법도 있다. 그렇지만 처음에 보낸 이메일이 새로운 스레드에는 포함되어 있지 않으므로, 가능하면 처음부터 잘 쓰도록 노력하자. 제목과 본문이 불일치하면 수신자가 발신자의 의도를 잘못 이해하기도 한다.

24

잘못 쓴
이메일 제목

———

‘안녕하세요’ 금지

잘못 쓴 이메일 제목

- ☐ 박소령 님께
- ☐ 안녕하세요!
- ☐ 좋은 아침입니다
- ☐ 슬로워크 조성도입니다 회사명 + 발신자입니다
- ☐ 어제 만난 조성도입니다
- ☐ 잘 지내시죠?
- ☐ 회신 바랍니다
- ☐ 확인 부탁드립니다
- ☐ 문의드립니다
- ☐ 가격 문의
- ☐ 모임 일정
- ☐ 출장 신청
- ☐ 사내 정책 검토 요청
- ☐ 회의 안내

대표적으로 잘못 쓰고 있는 제목을 보자. 어떤 용건인지 제목만 보고는 도저히 짐작할 수 없다. 제목을 이렇게 작성한다면 받는 사람이 스팸으로 오인해도 할 말이 없다. '어제 만난 조성도입니다' 이렇게 보내는 사람 이름을 제목에 적으면, 발신자 이름에 있는 정보를 불필요하게 한 번 더 제공하는 셈이다. 제목은 그렇게 낭비할 공간이 아니다. 용건을 명확히 적어야 추후 내용을 확인하기도, 해당 이메일을 찾기 위해 편지함에서 검색할 때도 용이하다.

제목에 회사명만 적으면 갑질로 보일 수도 있다. '우리 회사가 보낸 이메일을 안 읽으려고?' 이런 심보가 아니어도 오해를 살 수 있다. '확인 부탁합니다' '문의합니다'와 같은 서술형 제목은 핵심을 빠트리기 쉽다. 무엇에 대한 확인을 부탁하는지, 무엇을 문의하는지 명확히 밝혀야 한다. '가격 문의'란 제목도 적절하지 않다. 구체적인 상품명이 없기 때문에 핵심이 빠져 있는 셈이다. '모임 일정'이라고만 적지 말고 어떤 모임을 언제 하는지까지 제목에 적자. '출장 신청' '회의 안내'와 같이 반복해 발생하는 업무라면 어떤 출장인지, 어떤 회의인지 명기해야 한다.

간혹 흥미를 돋우기 위해 제목을 일부러 모호하게 작성하는 사람이 있는데, 이는 이메일을 받는 상대방에 대한 예의가 아니다. 이메일 제목을 명확하게 작성하기 어려울 때도 있다. 그럴 때는 앞에서 언급한 원칙 '스레드 하나에, 주제도 하나'^{목차} ²²를 상기하자. 명확하게 제목을 작성하기 어렵다면, 여러 주제를 이메일 하나에 담으려고 하지 않았나 다시 생각해보자.

25

잘 쓴
이메일 제목

———

말머리가 일머리!

잘 쓴 이메일 제목

☐ 〔업체명〕 2018 캘린더 견적 요청

☐ 〔상품명〕 재고 소진 임박

☐ 〔전시명〕 도록 원고 요청드립니다

☐ 〔단체명〕 AA 서포터즈 역량 강화 강의 요청
(11/11 토 14:00 – 15:00)

☐ 〔기관명〕 BB 연구보고서 수정 요청 – 3차

☐ 〔매체명〕 OOO 대표님 취재를 요청드립니다

☐ 〔서비스명〕 주간 현황(10.22-10.28)

☐ 〔OO부서 회신〕 CC 페이지 원고 · 디자인 검
토 의견

☐ 〔프로젝트명〕 표지 디자인 시안

☐ 〔프로젝트명〕 표지 디자인 시안 – 수정(1)

☐ 〔공지사항〕 6월 업무 실비 지급 신청 안내

☐ 〔입사지원〕 슬로워크 생산성 엔지니어(신입)

제목을 작성할 때 고려할 점은 이메일을 받는 사람이 한가한 사람이 아니라는 것이다. 한가한 사람이라면 제목을 어떻게 쓰든 상관없이 모든 이메일을 열어볼 것이다. 그렇지만 상대방이 그렇게 한가할 가능성은 희박하다. 따라서 어떻게 하면 상대방이 쉽게 이해할 수 있는 제목을 작성할지 고민해야 한다. 앞 장에서 밝힌 '잘 쓴 이메일 제목'처럼 본문 핵심 내용을 제목에 적는 게 가장 좋다. 특히 강의를 요청할 때처럼 받는 사람 일정을 먼저 확인하는 게 중요한 경우, 제목에 일정을 함께 적기를 권한다.

잘 쓴 이메일 제목들의 공통점을 눈치챘는가? 말머리가 있다는 점이다. 말머리가 필수는 아니지만, 추후에 관련된 내용을 검색하거나 필터링 기능을 사용할 때 매우 유용하다. 말머리는 이메일을 좀 더 공식적으로 보이게 하는 효과도 있다.

또 다른 공통점도 있다. 말머리를 제외하고 대부분 3, 4어절로 이루어졌다는 것이다. 제목이 너무 길면 받는 사람이 제목을 읽다 지칠 수도 있다. 반대로 제목이 너무 짧으면 성의가 없어 보인다. 3, 4어절로 된 제목이 간결하면서도 예의를 차릴 수 있는 방법이다.

26

받는사람to
정확히 알기

네 일이 내 일 된다

'받는사람'은 이 이메일을 읽고 '반드시 행동을 취해야 하는 사람'이다. 행동을 취한다는 것은 물리적인 조치를 행하는 것일 수도 있고, 단순히 답장을 보내는 것일 수도 있다.

그게 어떤 행동이든 서면상 자신이 요구하는 점이 명확해야 하고, '받는사람'이 명확해야 제목과 본문도 제대로 쓸 수 있다. 보내고자 하는 이메일 성격이 공지, 광고, 회람 등이라면 행동을 요구하는 대상이 여러 명이거나 딱히 없을 수 있다. 이런 경우가 아니라면 서면상 '받는사람' 수를 최소화해야 한다.

명심하자! '받는사람'이 많아질수록 메시지도 약해진다. 각자 어떤 이메일을 받았는데, '받는사람'에 나 말고도 다섯 명이 더 있다고 가정해보자. 즉각 행동을 취하게 될까? 더군다나 이메일에서 누구에게 행동을 요구하는지 명확하지 않다면, '다른 사람이 알아서 하겠지' 하고 책임을 회피하기 쉽다.

오른쪽에 보이는 이메일은 '브랜드 인지도 조사 문항'을 검토해달라는 요청이 핵심이다. 하지만 오른쪽 이메일은 답장을 받을 가능성이 적다. '받는사람'이 다섯 명으로 지정돼 있다. 첫 문장은 '안녕하세요, 여러분'이라고 적었다. '여러분'으로 지정한 수신자가 다섯 명이기 때문에 이메일에 대한 책임도 5분의 1로 분산된다. 만약 본인이 이런 이메일을 받았다고 생각해보자. 답장을 할 것 같은가? 내 예상으로는 단 한 명도 답장을 하지 않을 가능성이 높다. 만약 답장을 하는 사람이 있다면 책임감이 아주 높은 사람이다.

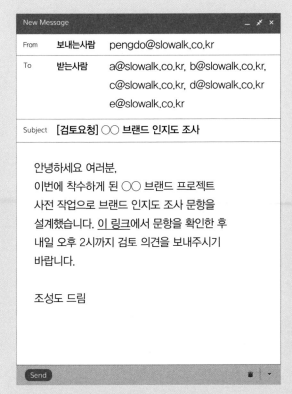

New Message		_ ⤢ ✕
From	**보내는사람**	pengdo@slowalk.co.kr
To	**받는사람**	a@slowalk.co.kr, b@slowalk.co.kr, c@slowalk.co.kr, d@slowalk.co.kr e@slowalk.co.kr
Subject	**[검토요청] ○○ 브랜드 인지도 조사**	

안녕하세요 여러분,
이번에 착수하게 된 ○○ 브랜드 프로젝트
사전 작업으로 브랜드 인지도 조사 문항을
설계했습니다. <u>이 링크</u>에서 문항을 확인한 후
내일 오후 2시까지 검토 의견을 보내주시기
바랍니다.

조성도 드림

Send   🗑 | ▾

'받는사람'이 너무 많아 책임이 분산된다.

오른쪽에 수정한 이메일처럼 회신을 할 담당자를 '받는사람'으로 지정하고, 이메일에서도 그 사람 이름을 지칭해 요청하는 게 좋다. 이메일을 보낸 목적은 답장을 받기 위함이다. 그러려면 이메일을 받는 사람이 어떤 행동을 취해야 할지 정확하게 정보를 전달하는 게 중요하다는 걸 다시 한번 강조한다. '참조'와 '숨은참조'에 대한 더욱 자세한 내용은 다음 목차에서 다룬다.

New Message	_ ⤢ ✕
From **보내는사람**	pengdo@slowalk.co.kr
To **받는사람**	a@slowalk.co.kr
Cc **참조**	b@slowalk.co.kr, c@slowalk.co.kr, d@slowalk.co.kr, e@slowalk.co.kr
Subject	**[검토요청]** ○○ 브랜드 인지도 조사

안녕하세요 A.
이번에 착수하게 된 ○○ 브랜드 프로젝트
사전 작업으로 브랜드 인지도 조사 문항을
설계했습니다. 이 링크에서 문항을 확인한 후
내일 오후 2시까지 검토 의견을 보내주시기
바랍니다.
참조에 추가한 B, C, D, E에게도 최대한 협조를
부탁드리겠습니다.

조성도 드림

`Send`   🗑 | ▾

꼭 응답해야 하는 사람을 받는사람으로 지정한다.

27

참조cc
정확히 알기

———

탁월한 참조력이 업무력!

이메일을 작성할 때 어려워하는 부분 중 하나가 바로 '받는사람to' '참조cc' '숨은참조bcc'를 구분하는 것이다. 한 사람하고 주고받는 일대일 이메일 커뮤니케이션에서는 '받는사람' 한 명만 적으면 되니 아무 문제가 없다. 이메일 한 통을 둘러싼 이해관계자가 많아지면 '받는사람'이 두 명 이상될 수도 있고, '참조'와 '숨은참조' 필드도 사용하게 될 것이다.

'참조', 즉 cc는 carbon copy카본 카피. 카본지로 만든 복사본의 줄임말로 먹지로 문서를 복사하는 데서 유래했다. 한 번 이메일을 보내 종결되는 사안은 그다지 많지 않다. 대부분 이메일을 여러 차례 주고받기 마련이다. 이렇게 달라지는 상황을 모두 파악하고 있어야 할 때 '참조'에 넣는다. 다음 예시를 보자. 수신자 A$_{a@mirae-n.com}$가 '전체답장'을 하면 '참조'에 속한 B$_{b@publy.co}$에게도 답장이 전달된다.

'참조' 필드를 사용할 때는 어떤 사람이 어떤 이유로 '참조'에 들어갔는지 이메일 스레드를 시작할 때 밝혀주는 게 좋다. 그래야 수신자가 발신자에게 답장을 보낼 때 실수로 '전체답장'을 하지 않는 걸 방지할 수 있다. 마찬가지로 '참조'에 들어있던 사람이 빠질 때도 그 이유를 공지하는 것을 추천한다.

New Message		
From	보내는사람	pengdo@slowalk.co.kr
To	받는사람	a@mirae-n.com
Cc	참조	b@publy.co
Bcc	숨은참조	c@slowalk.co.kr
Subject	[슬로워크] book by PUBLY 공동 마케팅 제안	

Send

보내는 이메일 예시

이메일 쓰는 법

28

숨은참조bcc
정확히 알기

———

참조와 숨은참조의 업무 차

'숨은참조'는 bcc blind carbon copy, 블라인드 카본 카피라고도 한다. '참조'와 '숨은참조'의 가장 큰 차이는 이메일 주소의 공개 여부다.

'받는사람' A와 '참조' B는 '숨은참조' C도 함께 동일한 이메일을 받는다는 사실을 알 수 없다. 그러나 C는 '받는사람'이 누구인지, '참조'된 사람이 누구인지 알 수 있다. A나 B가 '전체답장'을 보내더라도 C에게는 전달되지 않는다. 이처럼 이메일을 주고받으며 변하는 모든 내용을 C가 계속 파악할 필요가 없을 때, 또는 C에게 이메일이 전달한 사실을 A와 B에게 숨길 필요가 있을 때 '숨은참조'를 사용한다.

이런 '숨은참조'의 특징을 가장 명확하게 활용하는 경우가 있다. 보도자료를 배포할 때다. 홍보담당자가 기자들에게 보도자료를 배포할 때, 아래와 같이 보내곤 한다. '받는사람'에 본인의 이메일 주소를 기입하고, '숨은참조'에 보도자료 배포 대상을 넣었다. 이렇게 하면 기자1, 기자2, 기자3은 서로의 존재를 알 수 없다. 업무 일정, 제안하는 내용 등 프로젝트를 진행하며 담당자가 외부에 노출하지 말아야 할 정보와 기자들의 개인 정보까지 보호할 수 있다.

New Message		_ ⤢ ✕
From	**보내는사람**	a@mirae-n.com
To	**받는사람**	a@mirae-n.com
Bcc	**숨은참조**	기자1, 기자2, 기자3, 기자4, 기자5, ⋯
Subject	**[보도자료]** book by PUBLY 〈일잘러를 위한 이메일 가이드 101〉 출간 안내	
Send		🗑 ｜ ▾

숨은참조의 특징을 활용한 이메일 예시

보도자료를 배포하는 경우 '전체답장'을 보낼 일이 없고, 이메일을 받은 숨은참조자가 답장을 보낼 경우에는 일대일로 이메일을 주고받을 수 있기 때문에 '숨은참조'를 활용한다. 꼭 보도자료 배포용이 아니더라도 '숨은참조'의 기능, '참조'와 '숨은참조'의 차이를 파악한다면 비즈니스에 요긴하게 사용할 수 있을 테다.

'숨은참조'를 사용할 때 주의할 점이 있다. '숨은참조'에 넣을 수신자를 '참조'에 넣지는 않았는지 반드시 확인해야 한다. '참조'에 이메일 주소를 추가하면 '받는사람과 참조에 속한 사람들'에게 그 이메일 주소가 모두 공개되는 셈이다. 이메일 주소는 개인 정보이기 때문에 관계없는 사람에게 함부로 유출하면 안 된다. 위와 같이 보도자료를 배포하는 등 이메일 마케팅 서비스를 사용하지 않고 다수에게 한 번에 이메일을 보낼 때 특히 유의해야 한다.

　고객이 디자인 견적을 의뢰하면서 '받는사람'과 '참조'에 (슬로워크의 경쟁사인) 다른 회사의 여러 이메일 주소를 적어놓은 이메일을 실제로 간혹 받는다. 경쟁 입찰 참여를 요청하는 내용이라면 모를까, 이메일을 받았을 때 기분이 썩 좋지는 않다. 이런 경우 '숨은참조' 기능을 활용하면 50점, 회사마다 각각 이메일을 따로 보내면 100점이다. '숨은참조'를 사용해 많은 사람에게 이메일을 보낼 때 주의할 점이 있다. 한 번에 이메일을 받는 수신자 수가 500명을 초과하면 지메일에서 이메일 발송을 최대 24시간 동안 제한할 수 있다. 수백 명에게 이메일을 보낼 때는 이메일 마케팅 서비스를 사용하자.

From	보낸사람	서울 ■■■■■■
		⟨seo■■■■@■■■or.kr⟩
To	받는사람	se■■@hanmail.net,
		wk■■■■@gmail.com,
		유■■ ⟨cr■■■■■■@gmail.com⟩,
		이■■ ⟨sun■■■@naver.com⟩,
		이■■■ ⟨you■■■@hanmail.net⟩,
		이■■■ ⟨don■■■@dreamwiz.com⟩,
		정■■ ⟨titi■■i@gmail.com⟩,
		정■■ ⟨oni■■■@naver.com⟩,
		조■ ⟨zo■■■@naver.com⟩,
		최■ ⟨bu■■■@hanmail.net⟩,
		최■■ ⟨ko■■■@yahoo.co.kr⟩,
		허■■ ⟨hey■■@hanmail.net⟩
		혁■ ⟨hj■■@hanmail.net⟩,
		진■ ⟨jin■■■■@gmail.com⟩
		펭도 ⟨pengdo@gmail.com⟩
		김■■ ⟨na■■e@hanmail.net⟩

수신자의 이메일 주소가 모두 노출된 실제 사례

29

상대의
시간을 아끼는
본문 작성

———

무작정 키보드를
두드리기 전에

생각해보자. 이메일은 왜 보내는 것일까? 상대방에게 '원하는 것'이 있기 때문이다. 상대방의 시간을 아끼면서 내가 원하는 결과를 이끌어내는 게 가장 이상적이다. 즉 이메일을 작성한다는 것은 제안서 한 편을 쓰는 것과 마찬가지다. 이메일 본문을 작성하기 전에 질문을 던져보자. 상대방이 이메일을 읽고 나서 취해야 하는 행동은 무엇인가? 답이 명확해지면 본문을 쓸 차례다.

30

본문
기본 구조 4

———

알고 보니
건축만큼 구조적

이메일 본문의 기본 구조는 크게 네 개로 이루어져 있다.

인사말
전달할 내용
상대방이 취해야 할 행동
맺음말

인사말은 급박한 상황이나, 방금 전에 이메일을 주고받은 경우라면 생략할 수도 있지만 대체로 넣는 게 좋다. 이메일 앱 부메랑Boomerang에서 이메일 스레드 30만 개 이상을 조사한 결과에 따르면 간단한 인사말이라도 넣는 게 답장을 받는 데 도움이 된다고 한다.[10] 특히 이메일을 처음 보내는 경우라면 간단한 자기소개도 곁들이자. 전달할 내용과 상대방이 취해야 할 행동을 구분한 이유는, 상

대방에게 명확한 사인을 주기 위해서다. 아래 예
시를 보자.

New Message   _ ⟋ ×

Subject   **4분기 팀장 워크숍(11.3) 참가 확인 요청**

팀장 여러분.
날씨가 많이 쌀쌀해졌습니다.
다들 건강에는 이상 없으신지요.
11.3(금)에 4분기 팀장 워크숍을 개최합니다.
이번 워크숍은 우리 회사의 팀 제도를
중점적으로 다루게 됩니다.
진행 순서는 다음과 같습니다.

    1. 팀 제도에 대한 회고
    2. 팀 제도 개선에 대한 브레인스토밍
    3. 개선 방법에 대한 구체적인 제도화 방법
    4. 팀장과 팀원이 실천할 수 있는 방법

각 팀의 팀장은 꼭 참석해주시기 바랍니다.
내년 사업을 위한 팀빌딩과 제도 운영에 중요한 사안들을 논의하는 자리입니다. 꼭 참석해서 우리 회사의 핵심 운영 방식을 만드는 데 함께해 주시기 바랍니다. (업무로 인해 부득이하게 참석이 불가능한 경우, 팀 제도에 대한 의견을 제시할 수 있는 팀원 1인에게 위임 가능합니다.)

그리고 팀원 중 팀 제도에 관심이 있는 구성원도 참석이 가능합니다. 다만 워크숍 중 의사 결정을 하는 경우에는 의결권이 제한됩니다.

✅ 다른 팀원이 대신 참석할 경우
✅ 팀원 중 참석을 원하는 사람이 있는 경우,
<u>10.27(금)까지 답장으로 알려주시기 바랍니다.</u>

1년 중 가장 바쁘고 힘든 이 시기에 회사에 대한 고민도 함께해 주셔서 정말 감사합니다. 이번 워크숍에서 유익한 방법이 도출되기를 기대합니다!
고맙습니다.

Send

팀장들에게 워크숍 참석을 안내하는 이메일 예시

팀장들에게 워크숍 참석을 안내하는 이메일이다. 워크숍 일정과 진행 순서를 안내하면서 참석자 명단을 확정하려는 의도로 보냈다. 진행 순서와 같이 목록으로 작성할 수 있는 내용은 글머리기호를 활용하는 게 읽기 좋다. 핵심 전달 사항을 굵게 처리한 점도 인상적이다.

특히 팀장들이 이메일을 읽고 꼭 취해야 하는 행동은 이모지를 사용해 강조하고, 명확한 기한과 방법을 제시했다. 이처럼 받는 사람이 이해하기 쉽고, 어떤 행동을 취해야 하는지 알기 쉽게 본문을 작성해야 한다.

본문 구조를 파악했다면, 한발 더 나아가기 위해 다음 예시를 읽어보자.

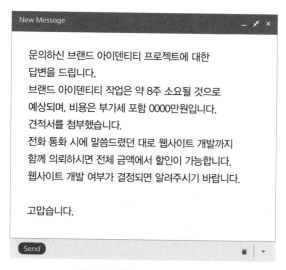

문의하신 브랜드 아이덴티티 프로젝트에 대한
답변을 드립니다.
브랜드 아이덴티티 작업은 약 8주 소요될 것으로
예상되며, 비용은 부가세 포함 0000만원입니다.
견적서를 첨부했습니다.
전화 통화 시에 말씀드렸던 대로 웹사이트 개발까지
함께 의뢰하시면 전체 금액에서 할인이 가능합니다.
웹사이트 개발 여부가 결정되면 알려주시기 바랍니다.

고맙습니다.

정보가 부족한 이메일 본문 예시

이렇게 이메일을 보내면 고객은 웹사이트 개발
까지 의뢰할 경우 얼마나 할인되는지 궁금할 것이
다. 그러면 고객이 원하는 답을 얻기 위해 한두 차
례 이메일을 더 주고받아야 하고, 그만큼 프로젝

트 착수가 늦어진다. 따라서 아래와 같이 다음 단
계까지 예상하고 제안하는 것이 좋다.

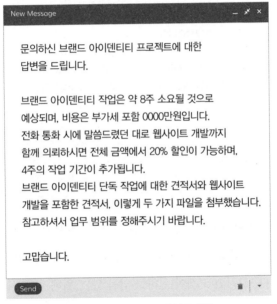

정보를 더해 다시 쓴 이메일 본문 예시

본문에 링크를 거는 게 아니라 직접 URL을 입력하는 경우도 있는데, 그럴 때는 URL 앞뒤에 공백을 하나씩 넣어줘야 URL에 다른 글자가 붙어서 잘못 연결되는 경우를 방지할 수 있다.

Google 애널리틱스 계정에 대한 액세스 권한이 부여되었습니다.

안녕하세요.
Google 애널리틱스 계정 'Slowalk'에 대한 사용자 관리 및 읽고 분석하기 권한이 a@slowalk.co.kr에 의해 부여되었음을 알려 드립니다. 계정에 액세스하려면 http://analytics.google.com/analytics/web/에서 애널리틱스에 로그인하세요.

감사합니다.

Google 애널리틱스팀
본 메일은 수신이 불가능한 발신 전용 메일이니 회신 메일을 보내지 마세요.

URL 뒤에 공백을 넣지 않아 링크가 잘못 걸린 실제 사례

이메일의 작성법

31

본문 디자인에 스타일을 입히는 게 좋을까?

힌트, 목차 22

글자 크기, 밑줄, 진하게, 텍스트 색상, 강조 표시 등 이메일 본문에도 여러 스타일을 입힐 수 있다. 이런 스타일을 입히는 게 본문 작성에 도움이 될까? 본문의 위계를 구분하고, 중요한 부분을 강조하는 용도로 적절히 사용하면 도움이 된다.

그렇지만 여러 스타일을 사용하면 가독성이 떨어지기 때문에 글자 크기, 텍스트 색상, 강조 표시 등은 본문 전체에서 세 개 이하로 사용하는 것이 좋다. 밑줄 또는 진하게 스타일로 중요한 부분을 강조하는 것도 한두 개면 충분하다. 스타일을 입히다 보면 중요한 내용이 너무 많아질 수 있으니 '스레드 하나에 주제도 하나'^{목차22}라는 대원칙을 다시 한번 생각하자.

32

윈도우, 맥
모두 통하는
서체는?

———

꾸미지 말자, 부질없다

서체를 바꿀 수 있지만, 내가 사용한 서체가 이메일을 받는 사람의 디바이스에도 설치되어 있어야 한다. 따라서 기본 서체를 사용하는 게 좋다. 참고로 윈도우, 맥OS, 안드로이드, iOS 모두 기본 서체가 산세리프(고딕) 계열이다. 따라서 산세리프 계열의 기본 서체를 사용하는 게 공식적인 이메일로 보이는 효과가 있다.

인용문을 구분하거나 정말 중요한 내용을 강력하게 전달하고 싶다면 그 부분에 세리프(명조) 계열의 서체를 사용하는 것도 좋다. 다만 다른 서체를 사용할 때는 일관된 원칙이 있어야 한다. 원칙 없이 내킬 때마다 다른 서체를 사용하면 받는 사람이 처음에는 혼란스러울 것이고, 나중에는 어떤 서체를 사용하든 무시할 것이다.

33

복사
+
붙여넣기 팁

서식이 딸려 올 때

다른 문서에 있던 내용을 복사해 이메일에 붙여 넣을 때, 서식까지 함께 복사돼 곤란했던 적이 있다면 이 방법을 써보자. 크롬에서 붙여넣기 할 때 Ctrl+Shift+V, 맥OS에서는 Command+Shift+V 단축키를 사용하면 서식을 제거하고 내용만 붙여 넣을 수 있다. 크롬 외의 브라우저에서는 메모장에 한번 붙여넣기 한 다음에 다시 복사해서 브라우저에 붙여넣으면 된다.

서식과 함께 복사가 되면 이메일 본문의 다른 내용들과 글자 크기, 색상, 줄 간격 등의 스타일이 맞지 않을 가능성이 높다. 따라서 표를 제외하면 서식을 제거하고 붙여넣기 한 다음 이메일 본문에서 스타일을 입히는 게 좋다.

34

이미지
첨부하기

———

삽입 혹은 첨부

이메일에 이미지를 첨부하는 방식에는 두 가지가 있다. 첫 번째는 이미지를 본문 바탕에 삽입하는 인라인inline 방식이다. 즉 이메일 본문에 글씨와 이미지를 함께 나타내는 형식이다.

지메일에서는 이미지 파일을 드래그&드롭해 본문 영역에 삽입할 수 있다. 이미지(사진) 삽입 기능을 이용해도 된다. 워드 문서에 이미지를 삽입하는 것과 같다. 본문 중에서 원하는 위치에 원하는 이미지를 삽입할 수 있어, 이미지를 곁들여 설명해야 할 때 유용하다.

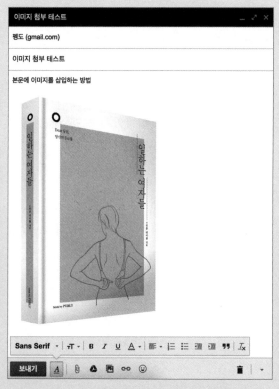

본문 바탕에 이미지를 삽입하는 인라인 방식

두 번째 방식은 이미지를 '첨부파일'로 업로드하는 것이다. 이미지 파일을 드래그해 '보내기' 버튼이 있는 회색 영역으로 드롭하면 이메일의 첨부파일로 추가할 수 있다. 왼쪽 회색 영역에서 '클립' 아이콘을 클릭해도 된다. 파일 용량이 크거나, '받는사람'이 다운로드해 PC에 저장해야 하는 이미지는 파일을 첨부해 발송하는 게 좋다. 발송 전에 꼭 확인할 것! 파일을 첨부하는 걸 깜박하진 않았는지, 파일명은 잘 정돈됐는지 확인하자. 파일명 짓기, 파일 첨부 환경에 대한 자세한 내용은 목차 37부터 참조하길 바란다.

35

맺음말은
맺음말일 뿐

———

시간을 아껴라

'이상입니다. 고맙습니다.' 흔한 인사말로 이메일을 마무리 짓기가 아쉽거나 어색할 때가 있다. 이메일을 다 작성하고 어떻게 마무리해야 할지 몰라 발송 버튼을 못 누르는 경우를 종종 봤다. 나역시 맺음말이 떠오르지 않아 이메일을 '임시보관함'에 한참 보관했다가 왜 이메일을 보내지 않느냐는 독촉을 받고서야 발송한 적이 있다. 창의적이고 유쾌하고 감각적인 맺음말은 당연히 이메일을 받는 사람에게 좋은 인상을 준다. 하지만 진부한 감사 인사로 글을 맺는다고 이메일이 지닌 원래 목적, 즉 정확한 업무 내용을 전달하는 데 영향력을 크게 끼치는 건 아니다.

창의적인 맺음말이 본의 아니게 상대에게 부담으로 작용할 수도 있다. 보낸 사람은 이메일

의 맺음말까지도 신경 써서 작성했는데, 내가 답
장을 보낼 때 진부한 맺음말을 사용하면 너무 성
의 없어 보일 수 있지 않은가. 맺음말이 떠오르
지 않을 때, 괜한 시간과 에너지를 소모하지 말
자. 맺음말에 대한 생각만큼은 어디까지나 내 경
험을 바탕으로 내린 개인적인 결론이다. '고맙습
니다' '감사합니다' 인사로 마무리 짓는 게 따분하
다면 이메일을 주고받으며 인상적인 맺음말을 수
집하길 권한다. 나도 잘 쓴 맺음말을 수집하고 있
다. 혹시 이 글을 읽는 독자 중에서 재치 있는 맺
음말을 알고 있다면 저자에게 꼭 공유해주길 바란
다. pengdo+closing@slowalk.co.kr

맺음말이 모든 이메일의 필수 요소는 아니다.
회사 내부에서 주고받는 이메일이라면 맺음말이

지나치게 격식을 차리는 것일 수도 있다. 거의 실시간으로 이메일을 주고받는다면 매번 맺음말을 작성하는 게 같은 말을 반복하는 것이 될 수도 있다. 이렇듯 격식을 차리지 않아도 되는 관계나 상황에서는 과감하게 맺음말을 생략해도 된다.

36

'고맙습니다' 효과

쓸 데 있는 거짓말

2010년, '성격과 사회심리학 저널Journal of Person ality and Social Psychology'에 실린 논문[1]에 따르면 '고 맙습니다'와 감사 인사로 이메일을 맺는 게 상대 로 하여금 반응이나 행동을 유도하는 데 효과적이 라고 한다.

대학생 69명을 대상으로 이력서에 대한 코멘 트를 이메일로 요청하는 실험을 했는데, 그중 절 반에게는 'Thank you so much! I am really grateful'이라는 문구를 이메일에 포함시켰고, 다 른 절반에게는 별다른 감사의 표현 없이 이메일을 보냈다.

그 결과, 감사의 표현이 들어간 이메일을 받 았을 때가 그렇지 않을 때보다 도움을 제공할 가 능성이 두 배 이상 높다는 것을 발견했다. 이메 일 앱 부메랑에서 35만 개 이상의 이메일 스레드를 조사한 결과도 있다. 그에 따르면 'Thanks in advance'라고 이메일 맺음말을 적었을 때 평균 응답률이 가장 높았다고 한다.[12]

'Thanks in advance'가 왜 가장 응답률이 높을까? 상대방이 앞으로 할 행동에 미리 감사를 표하기 때문이다. 이렇게 미리 감사 인사를 받으면 요청받은 행동을 수행할 동기 유발에 도움이 된다고 볼 수 있다. 그 밖에는 'Thanks' 'Thank you' 순으로 응답률이 높았고, 'Cheers' 'Kind regards' 'Best regards'와 같이 영어 편지쓰기 예문에서 항상 볼 수 있는 맺음말은 상대적으로 응답률이 낮았다.

주의할 점이 있다. 'Thanks in advance'를 사용하는 것은 맥락에 따라 건방지게 비쳐질 수도 있고, '내가 요청한 작업을 해주기를 기대한다'고

해석할 수도 있다. 그래서 영문법 교정 앱인 그래 멀리Grammarly에서는 다음의 대안을 제시하고 있다.[13] 상대방이 요청을 받아들일 것이 확실할 경우에는 'I appreciate your help with _____. _____을 도와주셔서 정말 고맙습니다', 요청을 검토만 할 것으로 예상되는 경우에는 'Thanks for considering my request. 저의 요청을 고려해주셔서 고맙습니다', 좀 더 사무적이고 직접적인 의사를 전달하는 'Thanks for your attention. I'm looking forward to your reply.관심을 가져주셔서 고맙습니다. 답장을 기다리고 있습니다' 등의 표현이다.

첨부파일,
쉽고 가볍게
보내기

첨부파일을 보낼 때는 꼭 필요한 파일만 첨부해야 합니다. 본문에 작성해도 되는 간단한 내용을 일부러 워드나 한글 문서로 만들어 파일을 첨부하는 것은 비효율적이고, 이메일을 받는 사람에게 메시지가 제대로 전달될 확률을 낮춥니다. 물론 간단한 내용이어도 보고용 문서로 남겨야 한다면 첨부파일로 보낼 수 있습니다.

37

첨부파일,
파일명 짓기

———

프로젝트명–주제–작성한 날짜

파일을 첨부하기 전에는 파일명 규칙을 정하고, 규칙에 따라 파일명을 작성했는지 확인하자. 일반적으로 '프로젝트명-주제-작성한 날짜' 순서다. 직장인이라면 회사 규칙 또는 프로젝트에서 정한 규칙을 따르자. 파일명을 통일하는 이유는 두 가지다. 첫 번째는 정확한 의사소통을 위해서다. 파일명이 다르면, 받는 사람과 보내는 사람이 수정 과정에서 이메일을 주고받을 때 혼선을 빚을 수 있다. 두 번째는 업무 진행 내역을 정확하게 기록하기 위해서다. 일관성 있게 파일명을 기록해 폴더에 보관하면, 나중에 파일을 찾기 간편하고 업무 내역을 한눈에 파악할 수 있다.

규칙을 적용한 파일명 예시

이메일가이드101-목차-20171107.docx
PUBLY×미래엔-단행본개발팀-2018출판기획안-01.pptx

38

첨부파일도
이메일의 일부

깜빡주의!

첨부파일 역시 이메일을 구성하는 요소 중 하나다. 파일을 첨부하려고 했다가 깜빡하고 이메일을 보내는 경우도 많은데, 이런 일이 얼마나 자주 있었는지 지메일은 이런 기능을 만들었다.

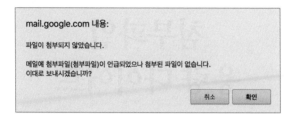

파일을 첨부할 때, 꼭 본문에 첨부파일에 대해 명시하자. 실수로 첨부하지 않았을 경우 경고를 받을 수도 있고, 받는 사람에게 '첨부파일을 확인하라'는 메시지를 보내는 것도 필요하다. 첨부파일이 있다는 사실을 명시하지 않을 경우 받는 사람이 파일을 확인하지 않고 지나칠 가능성이 높다.

39

첨부파일
용량 다이어트

대용량은 실례

모바일 환경에서 이메일 사용이 증가하여 첨부 파일 용량도 중요해졌다. 용량이 너무 큰 파일을 첨부하면 받는 사람이 다운로드하는 시간이 길어지고, 모바일에서는 데이터 요금도 증가한다. 지메일에서 이메일 한 통에 최대 25MB를 첨부할 수 있는데, 이것보다 큰 파일을 대용량 첨부파일로 보낼 수 있지만 가능하면 일반 첨부파일로 보내는 편이 받는 사람을 배려하는 길이다. 어쩔 수 없이 용량이 큰 파일을 보내는 경우도 있지만, PDF 파일이나 이미지 파일이라면 용량 다이어트를 시도해보자.

PDF, 용량 줄이는 법

스몰피디에프Smallpdf, smallpdf.com를 사용하면 된다. PDF 파일에 속한 이미지의 해상도를 낮추는 방법으로 용량을 줄여준다. 이미지의 해상도를 144dpi로 낮춰주는데, 일반적인 문서에서는 충분하다. 그렇지만 인쇄용 파일 등 고해상도 이미지가 필요한 경우라면 사용을 피하자.

이미지, 용량 줄이는 법

타이니피엔지TinyPNG, tinypng.com를 사용하면 된다. jpg와 png 파일의 용량을 줄여준다. 이미지에 사용된 색상을 줄이는 방식으로 용량을 줄여주는데, 화질에 미세한 차이가 생기지만 구분하기 어렵다. 다만 하나의 파일이 5MB를 넘으면 사용할 수 없다. 이럴 때는 벌크 리사이즈BULKRESIZE, bulkresizephotos.com 등을 이용해 이미지 크기를 줄여 용량을 5MB 미만으로 조정해 타이니피엔지를 사용해보자.

파일 용량을 줄이려면 윈도우나 맥OS에 기본으로 탑재된 '파일 압축' 기능으로 압축하면 되지 않느냐고 생각하는 분도 있을 것이다. 그 기능을 사용하거나 알집, 반디집 등의 압축 유틸리티를 활용해 압축하면 물론 파일 용량이 줄어들 것이다. 그렇지만 압축한 파일은 스마트폰에서 바로 열어볼 수 없다는 커다란 단점이 있다. 압축파일을 스마트폰에서 열어보려면 압축 해제 앱을 따로 설치해 사용해야 한다. 특히 알집을 사용해 확장자가 alz, egg인 압축파일을 생성했다면 압축을 푸는 사람이 꼭 알집을 설치해야 하기 때문에 PC에서 열어보기 어려운 경우도 많다. 알집은 개인 사용은 무료지만 업무용 PC에 설치하려면 따로 라이선스 계약을 해야 하기 때문이다.

40

대용량 첨부파일,
쉽게 보내기

———

원본 불변의 법칙

첨부파일 용량 다이어트를 시도해도 별로 줄어들지 않거나, 필요에 따라 용량이 큰 파일을 원본 그대로 보내야 하는 경우가 있다. 이때 네이버와 다음 메일에 있는 '대용량 첨부' 기능을 사용해도 되고, 지메일에서 지원하는 '구글 드라이브에 저장된 파일 삽입' 기능을 사용해도 된다.

다른 이메일 서비스를 사용하는 경우에도 방법이 있다. 센드애니웨어Send Anywhere, send-anywhere.com와 같은 파일 전송 도구의 도움을 받으면 된다. 구글 드라이브에 파일을 업로드한 다음 이메일에 삽입하면 나의 구글 드라이브 용량 한도에서만 파일을 공유할 수 있고, 다운로드 기한에 제한이 없다. (드롭박스 등 클라우드 스토리지도 비슷하다.) 반면 센드애니웨어에 업로드한 다음 그 다운로드 링크를 이메일에 삽입하는 경우에는 업로드 용량에 제한이 없다. 하지만 한 번 업로드하면 7일 동안에만 다운로드할 수 있다.

대용량 첨부파일을 보내는 다른 방법에 비해 구글 드라이브 같은 클라우드 스토리지와 센드애니웨어 같은 파일 전송 도구의 장점이 두 가지 있다. 한번 발송한 이메일은 되돌릴 수 없지만, 첨부파일은 되돌릴 수 있는 가능성이 크다는 것이 첫 번째다. 구글 드라이브에서는 언제든 공유 권한을 조정해 상대방에게 링크가 전달된 이후에도 다운로드를 막을 수 있다. 센드애니웨어에도 업로드한 파일을 삭제하는 기능이 있다. 이메일을 발송한 다음 첨부파일에 개인 정보나 기밀을 실수로 넣은 것을 발견했을 때 유용하다. 두 번째 장점은 어떤 유형의 파일이든 첨부할 수 있다는 것이다. 지메일에서는 바이러스나 유해 소프트웨어의 확산을 막기 위해 특정 파일 형식의 파일 첨부를 제한하고 있다. 네이버 메일도 마찬가지다. 바이러스의 확산을 막는 데는 효과적이지만, 선한 의도로 파일을 보내는 경우도 제한된다는 것이 문제다. 이럴 때 구글 드라이브와 센드애니웨어를 사용하면 된다.

TIP

지메일에서 첨부가 제한되는 파일 형식(2018년 5월 기준)
.ADE, .ADP, .BAT, .CHM, .CMD, .COM, .CPL, .DLL, .DMG, .EXE, .HTA, .INS, .ISP, .JAR, .JS, .JSE, .LIB, .LNK, .MDE, .MSC, .MSI, .MSP, .MST, .NSH .PIF, .SCR, .SCT, .SHB, .SYS, .VB, .VBE, .VBS, .VXD, .WSC, .WSF, .WSH

네이버 메일에서 첨부가 제한되는 파일 형식(2018년 5월 기준)
.BAT, .CMD, .COM, .CPL, .EXE, .JS, .SCR, .VBS, .WSF

*압축파일 안에 존재하더라도 제한됨.

41

대용량 첨부파일, 공공기관과 대기업에 보내기

이게 최선입니까?

윈도우 환경에서 25MB 이하의 파일을 첨부했다면, 아무런 고민을 할 필요가 없다. 그렇지만 25MB를 초과하는 파일을 첨부하거나 맥 운영체제 환경에서는 파일 첨부가 까다롭다. 지메일에서는 하나의 이메일당 25MB까지는 일반 첨부가 가능하다. 하지만 그것을 초과하는 파일은 구글 드라이브를 사용해 첨부하라고 안내한다.

이때 받는 사람이 정부 부처 등 공공기관 직원이라면 보내는 사람이 구글 드라이브를 통해 전송한 파일을 다운로드하지 못할 가능성이 크다. 대부분 공공기관 네트워크에서는 구글 드라이브와 드롭박스 등 해외 클라우드 스토리지에 대한 접근을 막아놓았기 때문이다.

이때는 번거롭더라도 네이버나 다음 등 국내 이메일 서비스에서 제공하는 '대용량 첨부파일' 기능을 사용하길 권한다. 사용법은 다음과 같다.

❶ '내게(이메일)쓰기' 기능으로 파일을 첨부해 보낸다. ❷ '내게쓴메일함'에서 해당 이메일을 연다. ❸ 첨부한 파일명에 마우스를 대고 우클릭_{오른쪽 버튼을 클릭}한다. ❹ '링크 주소 복사'를 한 후 상대방에게 이메일을 쓸 때 붙여 넣는다. ❹에서 '대용량 첨부파일'부터 '다운로드 기간'까지 드래그를 한 후 우클릭해 '복사'하는 방법도 있다.

공공기관과 대기업에서는 구글 드라이브와 드롭박스뿐만 아니라 센드애니웨어와 같은 파일 전송 서비스도 보안상의 이유로 막아놓았을 가능성이 높다. 어떤 수단을 활용해 대용량 첨부파일을 보내야 할지 모르겠다면, 받는 사람에게 물어보

자. 조직 내부에서 허용된 수단이 무엇인지 알려 줄 것이다.

이도 저도 안 되고, 일반 파일 첨부를 사용할 수밖에 없다면 파일 압축 유틸리티를 사용해 용량이 큰 파일을 25MB씩 여러 개로 나눠 압축하는 '분할 압축' 방법이 남아 있다. 그렇게 나눠진 압축파일은 한 개도 빼놓지 않고 보내야 상대방이 압축을 해제할 수 있다.

내가 사용한 파일 압축 유틸리티를 상대방이 보유하고 있는지도 확인해야 한다. 특히 알집AlZip을 사용하는 경우, 개인용 라이선스에 한해 무료이며 기업용 라이선스를 따로 구매해야 하기 때문에 라이선스를 위반하지 않도록 주의하자. 이렇게 분할 압축된 파일을 스마트폰에서 열어보기는 매우 힘들기 때문에 권하는 방법은 아니다.

42

첨부파일이
잡아먹는
저장공간 관리법

첨부파일만 삭제한다?

웹브라우저에서 지메일, 네이버, 다음 메일 등에 접속해 이메일을 사용하는 것을 '웹메일web mail'이라고 한다. 웹메일의 장점은 PC의 용량을 차지하지 않는다는 것이다. 아무리 이메일이 많이 쌓여 있고, 첨부파일의 용량이 커도 다운로드하지 않으면 PC에 별다른 영향을 주지 않는다. 1996년에 핫메일Hotmail이 등장한 이후로 웹메일이 시장을 장악해 현재는 지메일, 아웃룩, 야후! 등 웹메일이 이메일 고객 시장의 30% 이상을 차지하고 있다.[14] 아웃룩, 애플메일, 윈도우즈 라이브 메일 등 PC용 이메일 앱은 전체의 14% 정도를 차지하고 있다. 그렇다면 나머지는? 아이폰, 아이패드, 안드로이드 등 모바일 디바이스가 47% 이상 차지하고 있다.

PC용 이메일 앱을 사용하면 시간이 지날수록 편지함의 용량이 커지는 문제가 있다. 첨부파일을 많이 주고받는다면 이 문제는 심각해진다. 가장 많이 사용하는 아웃룩에서 이 문제를 해결하는 방법을 알아보자.(버전 2016 기준) 메뉴에서 〔폴더〕 – 〔새 검색 폴더〕 – 〔메일구성〕에서 '큰 메일'을 선택하면 용량이 큰 이메일만 따로 모아서 볼 수 있는 폴더가 생성된다. 이렇게 '검색 폴더'를 만든 다음 용량이 큰 이메일을 열어 첨부파일을 선택하면, 이메일 메시지는 그대로 놔둔 채로 첨부파일만 삭제할 수 있다.

아이폰 메일 앱에서는 어떻게 용량을 절약할 수 있을까? iOS 11 기준, 방법은 다음과 같다. 단, 아이폰에서 이메일 계정을 추가할 때 익스체인지 계정으로 추가한 경우에만 해당한다. [설정] - [계정 및 암호]를 눌러 이메일 계정을 선택한 후 '동기화할 Mail 일수'를 선택해보자. '제한 없음, 1일, 3일, 1주, 2주, 1개월' 중에서 선택할 수 있다. 1개월로 선택했다면 아이폰에는 최근 1개월간의 이메일만 저장되고 나머지는 지워진다. 서버에는 계속 남아 있기 때문에 걱정하지 않아도 된다. 첨부파일만 따로 삭제하는 방법은 없다.

이메일 스킬 업그레이드

커뮤니케이션, 기술 내용 그리고 외부 도구를 활용하는 것까지 더 적극적이고 편리하게 이메일을 사용할 수 있는 방법들을 소개합니다.

43

언제 보내는 게
가장 좋을까?

도달률이 가장 높은
시간대는?

이메일을 작성하고 나서 언제 발송할지 고민해본 적이 있을 것이다. 시시각각 업무가 진행되는 중이라면 작성한 즉시 보내는 게 맞다. 그러나 새벽이나 휴일에 이메일을 작성했을 때는 어떻게 해야 할까? 그리고 급박한 내용은 아니지만 중요한 제안 내용이 담긴 이메일을 보내야 할 경우엔? 답은 간단하다. 상대방의 업무 스케줄에 맞춰 보내는 게 가장 좋다! 새벽이나 휴일에 이메일을 발송하기가 꺼려지는 이유는 그때가 상대방의 업무 시간이 아니기 때문이다. 스마트폰 보급으로 사람들 대부분이 비즈니스 이메일을 언제든 확인할 수 있게 되었다. 따라서 내가 지금 이메일 작성을 완료했다고 해서 상대방은 자고 있는 시간에 이메일을 보낸다면, 의도치 않게 이메일 도착 알림음으로 상대방을 깨울 수 있다. 휴일에 보낼 때도 마찬가지다. 휴식을 취하는 도중에 업무와 관련된 이메일을 접하는 고통은 되도록 주지 않는 게 좋다. 물론 급한 일이라면 새벽이건 휴일이건 관계없이 이메일을 발송해야 한다.

허브스폿Hubspot이 10개월에 걸쳐 2억 통에 이르는 비즈니스 이메일을 분석한 결과에 따르면, 이메일을 가장 많이 열어보는 시각은 일요일을 제외한 오전 11시다.[15] 다음 차트를 보면 오전 10시에서 오후 12시 사이에 가장 많이 이메일을 열어보는데, 출근 직후 이메일 업무를 처리하는 것이라고 해석할 수 있다. 따라서 새벽에 작성한 이메일은 이 시간대에 발송하도록 예약하는 것이 좋다. 네이버와 다음 메일은 자체적으로 예약 발송 기능을 지원하며, 지메일을 사용하는 경우에도 예약 발송하는 방법이 있다. 이 내용은 '이메일 앱 춘추전국시대'^{챕터글, 221p}에서 설명하겠다. 언론사에 배포하는 보도자료를 언제 보내야 하는지도 많은 사람이 궁금해하는 것 중 하나인데, 오전 8시 50분부터 9시 사이 도달률이 가장 높았다고 한다.[16]

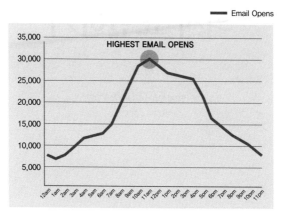

사람들이 이메일을 열어본 시각 ⓒHubspot(2015)

44

답장으로
의사 표현하기

———

어떻게 일이 되게 만들까?

앞서 '상대의 행동을 유도하는 이메일 쓰기'를 통해 이메일은 내가 상대방에게 원하는 것이 있기 때문에 보내는 것이란 걸 알았다._{목차29} 일을 하다 보면 자신과 상대방의 견해가 다를 때가 많다. 상대방이 이메일로 보낸 제안이나 부탁을 거절해야 할 때 어떻게 대응하면 좋을까?

이메일을 받았고, 답장을 보내야 한다면 이렇게 해보자. 핵심은 '어떻게 거절할까'가 아니라 '어떻게 일이 되게 만들까'를 고민하는 것이다. 상대방의 요청을 수용하기 어렵거나, 더 좋은 방안이 생각났을 경우라면 답장을 보내 적극적으로 의사를 표현할 수 있다.

답장으로 정확한 의사를 표현하는 방법

□ 좀 더 정확한 내용 파악을 위해 상대방이 요청한 사항을 적는다.

□ 이행하기 어려운 이유는 짧고, 일목요연하게 전달한다.

□ '~것 같습니다' '~것 같아요' '모르겠어요' 등 긍정도 부정도 아닌, 자기 확신이 없는 표현을 사용하지 않는다. 사실 이렇게 무책임한 언어 습관은 평소 일할 때에도 사용하지 않는 편이 좋다.

□ 요청 사항을 수용하기 어려울 경우, 대안을 제시한다.

New Message   — ⚡ ✕

Subject Re:[OO] 웹사이트 리노베이션 프로젝트 참여 요청

안녕하세요,

OO 웹사이트 리노베이션 프로젝트에 저희 팀에서
참여하는 것을 요청하셨는데 현재 진행 중인
ㅁㅁ 프로젝트 최종 보고가 11월 20일이라,
OO 프로젝트 제안서 제출마감과 겹칩니다.

A 팀장님과 잠깐 논의해보니, 최근에 비슷한 프로젝트를
해봤고 여유가 있는 상황이라서 OO 프로젝트 참여가
가능하다고 합니다.
이번 프로젝트는 A팀과 진행하시는 게 어떨까요?
(A 팀장님을 참조에 추가하였습니다)

그럼 검토해주시기 바랍니다.

Send   🗑 | ▾

대안을 제시하는 이메일 작성 예시

답장을 보낼 때는 '전체답장reply to all'을 해야 한다는 것도 기억해두자. 이메일을 나 혼자 받은 것이 아니라, 받는 사람이나 참조에 다른 사람이 추가되었다면 답장을 할 때 '답장'과 함께 '전체답장' 버튼도 보일 것이다.

보낸 사람이 받는 사람을 복수로 입력했거나 참조를 추가한 데에는 이유가 있다. 보낸 사람이 처음에 의도한 대로 이메일 스레드를 유지하려면 받는 사람과 참조로 이메일을 받아본 사람들이 답장을 보낼 때마다 '전체답장'을 해야 한다. 만약 이메일을 받은 사람 A, B, C와 이메일에 참조된 D가 있다고 가정해보자. A가 '전체답장'이 아닌 그냥 '답장'을 보낸다면 B와 C, 참조자 D는 A의 답장을 받지 못한다. 만약 A가 '전체답장'을 한다면 발신자의 의도대로 받은 이메일에서 수신자로 설정된 모든 사람이 이메일을 함께 받을 수 있다. '전체답장'을 하면서 다른 사람을 참조에 추가해도 된다. 다만 이럴 때는 어떤 이유로 누구를 추가했는지 본문에서 밝히길 권한다.

45

전달에도
기술이
필요하다

제목을 수정하는 센스!

포워딩forwarding이라고도 하는 전달 기능은 받은 이메일을 수신자에 속하지 않은 다른 사람에게 발송할 때 사용한다. 당장 자신의 편의를 위해 '전달' 버튼을 눌러 발송하기보다는 상대방의 시간을 아끼는 방법을 사용해보자. 다음 보기를 예로 든다. '〔이메일 가이드 101〕 프로젝트 관련'이라고 제목을 단 이메일 스레드 중 어느 한 이메일을 다른 사람에게 전달한다고 가정해보자.

이 이메일 스레드에는 프로젝트와 관련된 다양한 내용을 논의하기 때문에 '프로젝트 관련'이라고 포괄적으로 제목을 붙였다. 그렇지만 내가 전달하려는 특정 이메일은 하나의 주제만을 담고 있다. 그럴 때는 '〔이메일 가이드 101〕 목차 피드백 요청'처럼 그 주제에 맞춰 제목을 수정해 전달하는 것이 상대방을 배려하는 방법이다. 전달하는 이메일이라고 꼭 제목에 'Fwd:'를 붙여야 할 필요는 없다! 본문 앞부분에 그간의 상황을 요약하거나, 요청 사항을 명확하게 적어주는 것도 좋은 방법이다.

New Message   — ⤢ ×

Subject **[이메일 가이드 101] 목차 피드백 요청**

우창님과 최종 수정한 목차 보내드립니다.
한 콘텐츠당 10분 정도 분량으로 맞췄습니다.
보완할 부분은 없는지 검토해주세요.

--------- Forwarded message ---------
From: Woochang Choi ⟨woochang@publy.co⟩
Date: 2017년 10월 13일 오후 09:59
Subject: Re: [이메일 가이드 101] 프로젝트 관련
To: 조성도 ⟨pengdo@slowalk.co.kr⟩
...

Send   🗑 | ▾

답장하거나 전달할 때 주의 사항

답장할 때 이전에 없던 받는 사람을 추가하거나, 참조에 새로운 주소를 추가하는 일이 생길 수 있다. 이럴 땐 보내기 전에 과거 대화 내역 중 새로운 사람이 읽으면 안 되는 내용이 있는지 확인하는 습관을 기르자. 몇 번 이메일을 주고받은 스레드를 전달할 때도 마찬가지다. 특히 조직 내부에서 주고받던 이메일을 조직 외부에 전달할 땐 조심해야 한다. 답장이나 전달을 잘못했다가 괜한 오해를 살 수 있다.

저자도 내부 회의 내용을 기록한 이메일을 외부에 전달했다가 오해를 산 적이 있다. 회의 내용을 기록해 내부 참석자들끼리 회람한 이후에 회의에 참석하지 않은 외부인에게 전달했다. 내용 중에 해당 외부인이 언급된 것이 있었는데, 편의상 호칭을 붙이지 않고 기록했다가 외부인이 "저 사람이 나를 호칭 없이 이름만으로 지칭했나" 하고 불쾌함을 표시해 매우 당황했다. 나로 인해 다른 사람이 오해를 받는 경우라서 더 곤란했다.

개인정보보호법에 따라 개인 정보를 수집할 때는 꼭 정보 주체의 동의를 받아야 하고, 어떤 목적으로 어떤 정보를 수집해 언제까지 이용하고 보유하는지를 고지해야 한다. 이렇게 동의를 받았다면 나 또는 우리 회사가 개인 정보를 고지한 대로 이용하는 데는 문제가 없다. 그런데 이 정보를 제3자에게 제공할 때도 어떤 사람 또는 회사에 어떤 목적으로 제공하는지 정보 주체의 동의를 얻어야 한다. 수집한 개인 정보를 정보 주체의 동의를 얻지 않고 제3자에게 이메일로 전달하는 것은 개인 정보보호법 위반이다. 따라서 이메일을 전달할 때 정보 주체의 동의를 얻지 않고 개인 정보를 전달할 가능성이 있는지 면밀히 살펴봐야 한다. 이메일 내용 중 개인 정보가 포함되었다면, 개인 식별이 불가능하도록 일부 정보를 '블라인드 처리'한 뒤에 전달해야 한다. '블라인드 처리'는 휴대폰 번호 뒷자리나 아이디 일부 영역을 별표 등 기호를 사용해 개인 정보를 숨기는 걸 의미한다.

46

스팸 필터에
걸리지 않으려면

———

누구는 받았네
누구는 못 받았네

분명히 이메일을 보냈는데 상대방이 못 받았다고 하는 경우가 있다. 이와 반대로 상대방은 보냈다는 이메일이 오지 않을 때도 있다. 누구나 한두 번 겪어봤을 법한 흔한 오리무중이다. 이메일을 보낼 때 주소를 잘못 적었을 가능성도 크지만, 가장 보편적으로 의문이 풀리는 공간은 '스팸함'이다. 이메일은 왜, 어느 날, 갑자기, 불현듯, 엉뚱하게, 급할수록, 중요한 타이밍에 '스팸함'에 가 있는 걸까?

모든 이메일은 '받은편지함'에 도달하기 전에 스팸 필터를 거치는데, 스팸 필터는 스팸 메일의 특성을 분석해 그와 비슷한 유형의 이메일을 거른다. 스팸 필터를 피하려면 이메일을 어떻게 작성해야 하는지 알아보자. 다음은 이메일 앱 부메랑이 공식 블로그에 공개한 글 '이메일을 받은편지함에서 보이게 하고 싶어요? 스팸 필터를 피하는 법 16가지Want Your Email Seen? 16 Spam Filter Rules to Avoid'에서 발췌한 내용이다.

'스팸함'을 열어보자. 스팸 발신자들의 이메일 주소를 보면 도메인이 gmail.com이거나 naver.com인 경우를 많이 볼 수 있다. 누구나 무료로 계정을 만들 수 있기 때문에 스패머spammer들도 이런 계정을 많이 사용한다. 이 책 목차 10에서 다룬 '이메일 주소를 새로 만들 때 지켜야 할 점 5'를 상기해보자. '지금 다니는 회사의 도메인을 사용한다'가 첫 번째 규칙이다. 지메일과 아웃룩에서는 회사의 도메인을 이메일 주소로 사용할 수 있는 기능을 유료로 제공하고 있다. 이렇게 회사의 도메인을 이메일 주소로 사용하면 스팸 필터에 걸릴 가능성이 줄어든다.

- 제목에 물음표와 느낌표를 동시에 사용하지 않는다.

- 제목에 '긴급 회신 필요'와 같은 문구를 적지 않는다.

- 제목에 (120%, 200%와 같이) '100%' 이상의 백분율을 포함하지 않는다.

- 본문에 삽입된 이미지의 비율을 텍스트의 비율보다 낮추고, 움직이는 GIF를 삽입하지 않는다.

- 오프라 윈프리Oprah Winfrey를 '너무' 좋아한다는 표현을 적지 않는다. '나는 오프라를 좋아해'는 괜찮지만 '나는 오프라를 너무 좋아해!'는 스팸으로 인식될 가능성이 높다. 오프라 윈프리를 다룬 스팸 메일이 많기 때문이다. 비슷하게 다른 유명인(예: 도널드 트럼프)을 너무 좋아한다고 언급하는 것도 자제해야 한다.

- '담당자 귀하'와 같이 누구에게나 적용될 수 있는 형식적인 인사말을 사용하지 않는다. 최소한 받는 사람의 이름을 넣어야 한다.

- 불필요하거나 누락된 HTML 코드가 없도록, HTML 코드를 삽입하려면 제대로 한다.

- 아웃룩에서 이메일을 보낼 때 중요도를 '높음'으로 조정해 보내지 않는다.

- 무료 이메일 서비스를 비즈니스 이메일 계정으로 사용하지 않는다.

47

쾌적한
받은편지함
만들기

———

편지함도 미니멀라이프

수신된 이메일을 컨트롤하는 자는 편지함도 머릿속도 평온하다. 편지함에 날아오는 이메일도 업무 환경에 맞춰 운영하면, 업무의 몰입도와 속도가 더해질 것이다. 그러려면 받은편지함을 스마트하고 쾌적하게 세팅할 줄 알아야 한다.

내가 이메일을 보내는 대상이나 그렇게 이메일을 발송하는 빈도, 내가 받는 이메일, 내가 답장하는 이메일, 내가 일반적으로 읽은 이메일에 포함된 키워드, 내가 별표 표시하거나 보관 처리하거나 삭제하는 이메일 등 지메일은 여러 요소를 고려해 자동으로 '중요' 이메일과 '기타' 이메일을 구분한다. 물론 언제나 잘 작동하는 것은 아니어서, 가끔 '기타편지함'에 중요한 이메일이 들어 있거나 '중요편지함'에 안 읽어도 되는 이메일이 들어 있기도 하다.

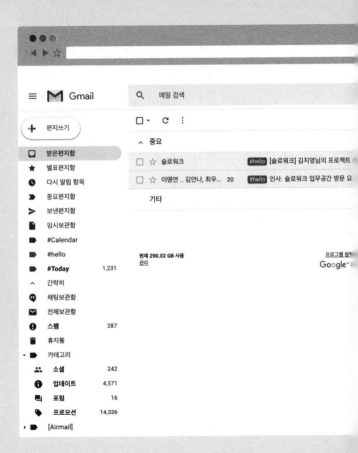

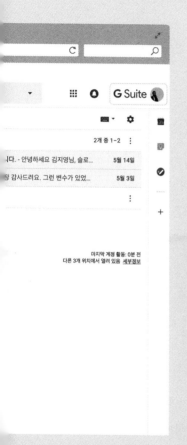

실제로 내가 사용하는 받은편지함을 캡처한 화면이다. 이메일이 단 두 통밖에 없다니, 믿기지 않는가? 나머지 이메일은 모두 왼쪽 메뉴 중 전체보관함에 들어 있다. 받은편지함에는 안 읽은 이메일이 한 통도 없는데, '#Today' '프로모션' '업데이트' 등의 항목에는 안 읽은 이메일이 엄청나게 많다. 당장 읽지 않아도 되는 이메일을 자동 또는 수동으로 필터링해 놓았기 때문이다.

이메일을 업데이트하다

수동으로 필터를 만드는 방법도 있다. 보낸 사람, 제목, 포함하는 단어 등으로 필터를 만들고, 라벨을 적용하거나 카테고리로 분류할 수 있다. '받은편지함 건너뛰기'에 체크하면 특정 이메일 주소로부터 이메일이 왔을 때 수신 알림 기능이 작동하지 않는다. 반대로, 특정인이 보낸 경우 혹은 특정 단어를 포함한 이메일은 항상 '중요 메일로 표시'해 수신 알림을 빼먹지 않을 수도 있다.

필터, 라벨과 함께 쓰면 좋은 기능이 있다. 이메일 ID 부분 끝에 '+OO'와 같이 원하는 문구를 붙여 새로운 이메일 주소를 만들어낼 수도 있다. 슬로워크에서는 채용공고를 낼 때마다 지원자가 입사지원서를 보내는 이메일 주소를 다르게 표기한다. 예를 들어 인사 담당자 채용 시에는

recruit+hr@slowalk.co.kr 주소를, 회계 담당자 채용 시에는 recruit+fi@slowalk.co.kr 주소를 안내하는 식이다. +뒤에 무엇을 붙이든 recruit@ slowalk.co.kr이라는 이메일 계정으로 받아볼 수 있다.

일치 : **to:(recruit+hr@slowalk.co.kr)**
실행 : '201703 경영디자인팀 인사조직' 라벨 적용

일치 : **to:(recruit+fi@slowalk.co.kr)**
실행 : '201704 경영디자인팀 회계' 라벨 적용

받는 이메일 주소에 따라 다른 라벨이
적용되도록 필터를 설정한 예시

이렇게 받는 사람 주소에 따라 필터링을 하고, 라벨을 지정해두면 하나의 계정에서 다양한 시기에 여러 직무로 채용공고를 낸 입사지원서를 필터링해 종류별로 쉽게 확인할 수 있다. 뉴스레터를 구독할 때도 pengdo+newsletters@slowalk.co.kr이라는 주소로 구독 신청을 하고, 이 주소로 도달하는 이메일에 대해 라벨 설정을 해두면 손쉽게 뉴스레터를 모아 볼 수 있다. 라벨과 필터 기능을 사용해 업무 특성에 맞는 자신만의 받은편지함을 세팅해보자. 시행착오를 거쳐 자신에게 맞는 설정을 알아가는 것이 중요하다. 지금 바로 지메일 환경설정에 들어가 여러 옵션을 적용해보자.

혼자 여러 브랜드의 계정을 관리하고 있다면?

〔환경설정〕 - 〔계정 및 가져오기〕 - 〔다른 주소에서 메일 보내기: 다른 이메일 주소 추가〕 기능을 사용하면 된다. 다른 계정에 로그인할 필요 없이 보내는 주소를 이메일 작성 때마다 선택해 보낼 수 있다.

회사 대표 계정을 관리하고 있다면?

〔환경설정〕 - 〔전달 및 POP/IMAP〕 - 〔전달: 전달 주소 추가〕 기능도 사용해보자. 회사 대표 계정으로 도달하는 이메일을 자동으로 나의 개인 계정에서 받아볼 수 있다.

48

아차! 이메일을
잘못 보냈다면?

———

실수를 만회하는 법

프로이메일러도 나무에서 떨어질 때가 있다. 아래 이미지를 보자.

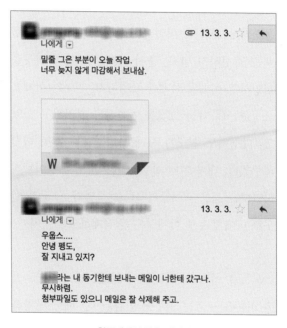

친구에게서 받은 이메일

내가 친구에게서 받은 이메일이다. 나와 이름이 유사한 사람에게 보낼 이메일이었는데, 받는 사람을 적다가 실수한 모양이다. 자동완성 기능을 사용하다 보면 간혹 이런 실수를 할 때가 있다. 그럴 때는 걱정하지 말고, 즉시 이메일을 보내 잘못을 시인하고 이메일 삭제를 요청하자. 친구가 삭제를 요청했는데 나는 그것을 깜빡하고 간직하고 있었고, 다행히도 친구가 사례로 삽입하는 것도 허락해주었다. 내가 여태 첨부파일은 한 번도 열어보지 않았다는 점을 믿어주며 선처해주었다. 누군가 실수로 나에게 보낸 이메일은 꼭 삭제하도록 하자.

본문을 아직 다 작성하지 않았는데, 실수로 발송 버튼을 누르는 경우도 있다. 이럴 때도 당황하지 말고 못다 한 내용을 채워 '전체답장'을 보내

자. 본문 완성이 늦어질 것 같으면, '쓰던 중에 실수로 이메일이 발송되었다. 곧 제대로 다시 보내겠다'라고 짧은 메시지를 먼저 보내는 것이 좋다. 엉뚱한 파일을 첨부했을 때도 즉시 이메일을 보내 잘못을 알리고, 제대로 된 파일을 보내자. 실수를 만회하는 법의 핵심은 '즉시' 행동하는 것이다. 또 다른 방법이 있다. 우스갯소리 같지만 아래와 같은 경험을 해본 사람이 꽤 있을 것이다.

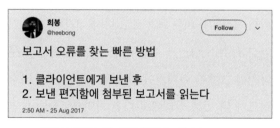

보고서 오류를 찾는 빠른 방법 ©트위터 @heebong

이런 실수를 깔끔하게 만회할 방법이 딱 하나 있다. 지메일에서 제공하는 '보내기 취소' 기능을 사용하는 것이다.

엄밀히 말하면 보내기 취소가 아니라 늦게 보내기인 셈이지만 위 트윗과 유사한 효과를 경험할 수 있다. 지메일 〔환경설정〕 - 〔기본설정〕에서 '보내기 취소 사용'에 체크하고, '전송 취소가 가능한 기간' 섹션에서 이메일 보내기 취소 여부를 결정하고 싶은 기간(5초, 10초, 20초, 30초)을 설정하면 된다.(나는 10초로 설정해두었다.) 그러면 이메일의 '보내기' 버튼을 누르고 나서 내가 설정한 기간만큼 취소 링크가 상단에 뜬다. 취소 링크가 사라지면 그제야 이메일이 발송되는 기능이다. 취소 링크가 떠 있는 상태에서 다른 화면으로 이동하면 즉시 발송 처리되니 주의하자.

이메일을 보내는 시각, 답장하기와 전달하기, 쾌적한 받은편지함 만들기에서 실수 복구하기까지 이메일 스킬을 업그레이드할 수 있는 다양한 방법을 알아봤다. 여기까지 잘 따라왔다면 이제 이메일 좀 보낸다고 할 수 있다. 그렇지만 이메일을 자유자재로 갖고 놀려면 아직 알아야 할 것이 조금 남았다.

49

이메일이
되돌아오는 이유

———

bounce bounce

종이 우편을 보냈을 때 받는 사람에게 제대로 전달이 안 되면 반송되는 것처럼, 이메일도 되돌아오는 경우가 있다.

'발송실패안내' 이메일을 열어 보면 어떤 사유로 이메일이 전달되지 못하고 되돌아왔는지 적혀 있다.

이메일이 되돌아올 때, 지메일에서는 보내는 사람 이름을 'Mail Delivery Subsystem'으로, 네이버 메일에서는 보내는 사람 이름을 '발송 실패 안내'로 설정한다. 되돌아온 이메일을 열어보면 어떤 사유로 이메일이 되돌아왔는지 적혀 있다.

이메일이 되돌아오는 것을 '바운스bounce'라고 한다. 바운스는 소프트 바운스와 하드 바운스 두 가지로 나눌 수 있다. 소프트 바운스는 이메일을 일시적으로 전달할 수 없는 경우다. 받는 사람의 이메일 서버가 일시적으로 반응하지 않거나, 받는 사람의 받은편지함 용량이 꽉 찼거나, 이메일 본문과 첨부파일의 용량이 받는 사람의 이메일 서버가 허용한 것보다 클 때 일어난다. 마지막 경우를 제외하고 보통 다시 시도하면 해결된다. 그래서 지메일 등 이메일 서비스가 알아서 일정 시간 후에 재발송한다.

하드 바운스는 받는 사람의 이메일 주소가 존재하지 않거나, 도메인 이름이 존재하지 않거나, 받는 사람의 이메일 서버가 이메일 수신을 차단할 때 일어난다. 이럴 경우에는 이메일을 영구적으로 전달할 수 없어 재발송해도 같은 결과를 초래한다. 비즈니스 이메일에서 흔히 발생하는 하드 바운스 사유는 크게 두 가지다. 첫 번째는 받는 사람의 이메일 주소를 잘못 적은 경우다. 특히 숫자가 들어간 주소는 이메일을 보내기 전에 한 번 더 확인하자. 두 번째는 받는 사람이 퇴사한 경우다. 퇴사를 하면 이메일 계정이 삭제돼 이메일을 보내면 되돌아온다.

상대방이 내게 보내는 이메일이 되돌아오지 않게 하려면 어떻게 해야 할까? 이메일 주소를 쉽게 만드는 것이 우선이다. 그리고 받은편지함 용량이 꽉 차지 않았는지 자주 확인하자. 퇴사 등의 사유로 현재의 이메일 주소를 사용하지 못하는 상황이 발생하기 전에 개인 이메일 주소를 공지하자.

50

받은편지함 청소하기

———

통장이 꽉 차면 좋으련만

받은편지함이 읽지 않은 이메일로 수백, 수천 통 꽉 차버려 더 이상 손을 댈 수 없는 상황에 처한 이들이 있을 테다. 받은편지함을 텅 비우기, 즉 인박스 제로를 추천한다.

어느 독자는 앞 장에선 이메일의 장점이 검색이 용이하다는 것이라고 해놓고, 받은편지함을 비우면 검색을 못 하는 것이 아닌가 하고 고개를 갸웃거릴 수 있겠다. 여기서 받은편지함을 비운다는 것은 이메일을 삭제한다는 의미가 아니다. 받은편지함도 여러 편지함 중 하나이기 때문에, 받은편지함에서 사라진다고 이메일이 삭제되는 게 아니다. 받은편지함에서는 사라지되, 원하면 언제든 검색해서 꺼내 볼 수 있는 방법이 있다. 바로 '보관처리'다. 이 기능은 정말 마법 같다!

지메일에서 이메일을 열어보면 상단 버튼 중 '보관처리' 버튼을 발견할 수 있다. [기본설정] - [전송 및 보관처리: 답장에 '전송 및 보관처리' 버튼 표시] 기능을 켜두면 이메일에 대한 답장을 보낼 때도 이메일을 발송하는 것과 보관 처리하는 것을 하나의 버튼으로 처리할 수 있다. 이런 '보관처리' 기능을 사용하면 받은편지함을 비어 있는 상태로 유지할 수 있다. '보관처리'는 이메일을 삭제하는 것이 아니라 단순히 받은편지함에서만 안 보이게 하는 것이다. 따라서 받은편지함에서는 보이지 않지만 '전체보관함'에서는 확인할 수 있고, 검색해서 찾는 것도 가능하다.

그렇다면 언제 이메일을 '보관처리' 해야 할까? 오른쪽 도식을 보자.

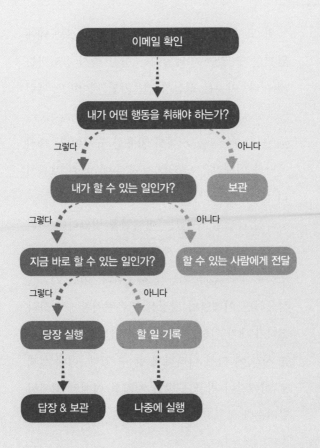

이메일 확인

내가 어떤 행동을 취해야 하는가?

그렇다 → 내가 할 수 있는 일인가?
아니다 → 보관

내가 할 수 있는 일인가?
그렇다 → 지금 바로 할 수 있는 일인가?
아니다 → 할 수 있는 사람에게 전달

지금 바로 할 수 있는 일인가?
그렇다 → 당장 실행
아니다 → 할 일 기록

당장 실행 → 답장 & 보관

할 일 기록 → 나중에 실행

이메일 확인 프로세스

위 도식처럼 인박스 제로의 핵심은 '2분 내에 답변할 수 있는 이메일에는 항상 즉시 응답하는 것'이다. 이것은 생산성 전문가인 데이비드 앨런David Allen의 '생산성 철학'인 GTDGetting Things Done, 끝도 없는 일 깔끔하게 해치우기에서 차용한 규칙이다. 즉시 응답한 이메일은 답장을 보낸 후에 바로 '보관처리'를 해 받은편지함에서 사라지게 한다.

즉시 응답할 수 없는 이메일을 받았다면 여러 이메일 앱에 있는 스케줄schedule, 리마인드remind 또는 스누즈snooze 기능을 사용한다. 이런 기능을 사용하면 이메일이 당장은 받은편지함에서 사라졌다가 내가 원하는 시간(그 이메일에 답장할 수 있는 시간)에 다시 나타나게 할 수 있다. 이때 실제로 이메일이 방금 도착한 것처럼 이메일 앱에서 알려준다.

인박스 제로Inbox Zero, 텅빈 편지함를 달성하기는 말처럼 쉬운 일이 아니다. 매우 어렵다. 앞에서 소개한 이메일 앱 또는 스누즈 기능을 사용하더라도 이메일이 쉴 새 없이 도착하면 한계에 다다르기 마련이다. 그래서 몇몇 이메일 앱에서는 이런 인박스 제로 순간을 축하하는 화면을 보여준다. 그러면 이제 인박스 제로에 활용할 수 있고, 그 밖에 다양한 기능도 갖춘 이메일 앱을 살펴보자.

이메일 앱
춘추전국시대

종이에 글을 쓸 때 어떤 필기구를 사용하는지에 따라 필체, 필기 속도와 흐름 등에 영향을 받듯 어떤 이메일 앱을 사용하는지에 따라 이메일 습관과 효율이 영향을 받습니다. 나에게 맞는 필기구를 선택하듯 나에게 맞는 이메일 앱을 선택하는 게 중요합니다.

51

나에게 맞는 앱
선택하기

———

트렌드 읽기

'테크 스타트업계의 빌보드 차트'라고 일컬어지는 프로덕트헌트ProductHunt의 이메일 토픽에는 거의 매주 새로운 앱이 등장하고, 많게는 수천 명이 새로운 앱을 사용해보고 평가한다. 모바일 환경으로 빠르게 전환되면서 이메일 스트레스가 급격하게 증가하고 있는 것이 '이메일 앱 붐'을 일으키고 있다. 어떤 이메일 앱을 사용하는지에 따라 생산성이 달라지기 때문에 가장 업무 강도가 세고 트렌드에 민감한 테크 스타트업계에서 이메일을 주목하고 있고, 새로운 시도가 계속되고 있다.

기존 한계를 뛰어넘은 이메일 앱이 많이 출시되고 있고, 지메일에 추가해 사용할 수 있는 애드온 add-ons[17]. PC 앱, 모바일 앱 등 종류도 다양하다. 이어지는 목차 52에서 기본 기능에 충실하면서 효율적인 부가 기능이 돋보이는 앱을 소개한다.

52

귀차니스트를
위한 앱

———

AI가 돕는다

이메일을 주고받는 기본 기능에 충실하면서 몇 가지 부가 기능을 제공하는 모바일 앱을 소개한다.(2018년 5월 기준)

인박스 Inbox by Gmail [Web, iOS, Android]

구글에서 2015년에 정식으로 출시한 서비스다. 지메일과 모든 데이터가 동기화된다. 지메일의 다른 버전이라고 생각하면 된다. 인박스에서 이메일을 보내면 지메일의 보낸편지함에도 똑같이 저장된다. 따라서 지메일과 인박스를 동시에 사용하는 것도 가능하다. 인박스의 가장 큰 강점은 이메일 내용을 분석해 시각화하는 데 있다. 다음 쪽 화면을 한번 보자.

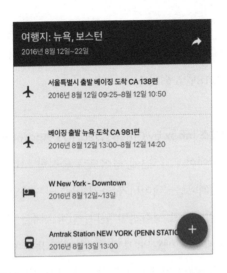

해외여행을 가게 되면 항공편, 숙소, 기타 교통편 등 많은 예약 이메일을 받는다. 인박스에서는 그것들을 자동으로 한데 묶어 위 화면처럼 보여준다. 각각의 예약 내역을 누르면 원래 받았던 이메일을 볼 수 있다.

아웃룩 모바일 Outlook Mobile [iOS, Android]

마이크로소프트MS에서 개발한 아웃룩 모바일 앱은 PC 기반 아웃룩과 이름만 같고, 실상 다른 앱이다. 모바일 앱은 2014년에 MS가 어컴플리Acompli라는 모바일 앱을 인수한 후에 이름만 아웃룩이라고 바꿔 재출시했다. 어컴플리는 PC 기반 아웃룩이 전통적인 업무 환경에 최적화된 강력한 기능을 제공하는 것과는 달리, 누구나 쉽게 사용할 수 있도록 설계하고 간편한 파일 공유를 표방한 앱이었다. 따라서 같은 아웃룩이지만 철학 자체가 다르다고 할 수 있다.

아웃룩 모바일에서 가장 멋진 부분은 바로 파일 첨부 기능이다. 사용자가 수신한 이메일 중 첨부파일만 따로 모아 볼 수 있다. 첨부파일을 드롭박스Dropbox와 구글 드라이브 같은 클라우드 스토리지에 저장할 수 있고, 스토리지에 저장한 첨부파일을 새로운 이메일을 작성할 때 사용할 수도 있다. 원하는 파일을 첨부파일 목록에서 선택해 새로운 이메일에 첨부해 전송하는 거다. PC에서 이런 작업을 하려면 이전 이메일을 열어 첨부파일을 다운로드한 후, 새로운 이메일을 작성할 때 다시 업로드해야 하는데 아웃룩 모바일에서는 이 과정이 매우 편리하게 이뤄진다. 또 하나! 아웃룩 모바일은 아웃룩 계정이 없어도 지메일 등 다른 이메일 계정을 연결해 사용할 수 있다.

애스트로 Astro [Mac, iOS, Android]

애스트로의 겉모습은 일반적인 이메일 앱과 다르지 않다. 그렇지만 앱 중앙에 있는 우주비행사 버튼을 눌러 애스트로봇Astrobot을 실행하는 순간 모든 것이 달라진다. 애스트로봇은 AI를 활용한 '이메일 비서'다. 마치 시리, 구글 어시스턴트, 빅스비와 대화하듯이 이메일을 처리할 수 있다. 중요한 이메일을 상기시키는 것은 물론이고 "지난 30일 동안 조성도가 보낸 이메일 전부를 보관처리해" "비즈니스 이메일이라는 키워드가 포함된 이메일 전부를 '비즈니스 이메일' 폴더로 옮겨"와 같은 명령을 할 수 있다. 어떤 뉴스레터를 오랜 기간 동안 열어보지 않았다면 수신을 거부하겠느냐고 물어보기도 한다. 'Zap'이라고 입력하면 받은 지 30일이 경과한 이메일을 보관 처리해 받은편지함을 깔끔하게 정리해준다. 2017년에 프로덕트헌트에서 '올해의 모바일 앱'으로 선정됐다.

53

이메일 좀 보낸다고 자부하는 사람을 위한 앱

내게 퓨 하고 다시 날아와

이메일을 좀 더 전문적으로 사용하고 싶고, 이메일로 처리하는 업무가 많은 경우에 도움이 되는 앱을 소개한다.(2018년 5월 기준)

부메랑 Boomerang [Web, iOS, Android]
유료, 일부 기능 무료로 사용 가능

부메랑은 지메일에서 예약 발송이 가능한 방법을 찾던 사람에게 익숙한 앱일 것이다. 지메일의 애드온으로 가장 앞서 출시되었던 앱이다. 애드온 특성상 PC 환경에서만 사용할 수 있었으나 얼마 전에 모바일 앱을 출시했다.

가장 기본적인 장점은 이메일 발송을 예약할 수 있는 것이고, 이메일을 보내고 사용자가 설정한 일정 기간 안에 답장이 오지 않으면 알려주는 기능도 있다. 가장 최근에는 '리스판더블Respondable'

이라는 기능을 출시했는데, 아래 이미지를 한번
보자.

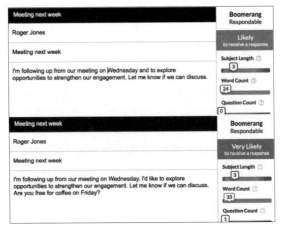

부메랑 앱의 기능

마치 MS 워드에서 맞춤법 검사를 하듯 실시간
으로 이메일 작성을 가이드하는 놀라운 기능이다.

덕분에 제목 길이가 적절한지, 답장을 확실히 요구할 수 있도록 본문에 질문이 포함되어 있는지 바로 확인할 수 있다. 심지어 문체가 얼마나 정중한지도 측정해준다. 아직 영문으로 작성할 때만 이 기능을 쓸 수 있다는 점이 아쉬울 따름이다.

뉴턴 Newton Mail [Windows, Mac, iOS, Android]
유료, 일부 기능 무료로 사용 가능

뉴턴 메일은 유려한 UI를 보여주고 다양한 기능도 담았다. 무엇보다 PC와 모바일 모두에서 사용할 수 있는 앱이라는 것이 강점이다. 모바일 앱 중에서는 흔치 않게 수신확인 기능을 제공한다. 다른 앱에서 찾아보기 어려운 세심한 기능도 눈에 띄는데, '첨부파일 자동 다운로드' 기능과 '자동 비밀 참조' 기능이다. 이메일에 첨부파일이 있

이메일 앱 춘추전국시대

다면 파일을 다운로드해 확인하게 될 텐데, 따로 누르지 않아도 첨부파일을 자동으로 다운로드해 바로 확인할 수 있게 해준다. 언제 필요할까 싶은 '자동 비밀 참조' 기능은 모든 업무 이메일을 팀에서 공유해야 한다든가, 다른 이메일 계정에 실시간으로 백업하고 싶거나, 작성한 이메일 전부를 특정인에게 전달해야 할 때 등 다양하게 활용 가능하다.

첨부	
첨부 파일 자동 다운로드 항상	>
자동 비밀 참조 전송하는 모든 이메일을 비밀 참조...	>

뉴턴 메일 앱의 '첨부파일 자동 다운로드' 기능과
'자동 비밀 참조' 기능

'간결한 수신함' 기능도 유용하다. 인박스와 아웃룩 모바일에서도 비슷한 기능을 제공하고 있지만 뉴스레터와 소셜 네트워크 서비스SNS에서 발송한 이메일을 구분해 적용할 수 있다는 점이 매력적이다. 개인적으로 나는 뉴스레터가 중요한 정보

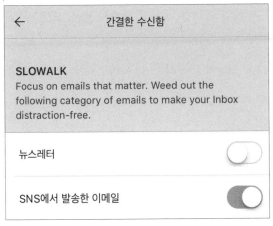

뉴턴 메일 앱의 간결한 수신함 기능

습득원이기 때문에 뉴스레터를 놓치면 안 된다. 한편 누가 나를 페이스북에서 태그했다는 SNS 소식은 페이스북 앱의 푸시 알림으로 받고 있기 때문에 이메일로도 실시간으로 알림을 받을 필요는 없다.

이메일을 다른 생산성 앱으로 바로 보낼 수 있는 기능도 있다. 이메일을 바로 투 두 리스트to do list, 할 일 목록에 등록하거나, 에버노트에 저장하는 일을 손쉽게 할 수 있다.

가장 많이 사용하는 생산성 앱을 연결해서 이메일 콘텐츠와 파일을 바로 앱에 저장하세요.

뉴턴 메일 앱이 지원하는 생산성 앱의 일부

이메일 앱 춘추전국시대

54

프로이메일러로
거듭나게 하는 앱

고수는 앱으로 일한다

누구보다 이메일을 제대로 사용하고 싶은 사람, 내 삶이 이메일이고 이메일이 삶인 사람에게 추천한다.

믹스맥스 Mixmax [Web] 유료, 일부 기능 무료로 사용 가능

믹스맥스도 부메랑과 마찬가지로 지메일 애드온이다. 처음 출시되었을 때 비즈니스 이메일계에 센세이션을 일으켰다. 다음 쪽에 넣은 그림처럼 오픈율, 클릭률을 실시간으로 볼 수 있는 대시보드를 제공해 이메일 마케팅 툴을 사용하듯 비즈니스 이메일을 관리할 수 있게 되어 있기 때문이다.

예약 발송 기능은 물론이고 오픈 · 클릭 · 첨부파일 다운로드를 실시간으로 추적할 수 있다. CRM[18]솔루션인 세일즈포스Salesforce와 연동도 가능하다. 이처럼 이메일 마케팅의 장점을 비즈니스

이메일에서도 사용할 수 있다는 점이 믹스맥스의
가장 큰 강점이다.

실제로 나 역시 매월 믹스맥스를 결제해 사용
중이다. 이 앱을 선택한 결정적인 이유는 발송 시
각 추천 기능 때문이다. 믹스맥스는 이메일을 예
약 발송할 때, 받는 사람이 평소 나의 이메일을 확
인했는지, 언제 답장했는지 등을 분석해 최적 발

송 시각을 추천한다. 받는 사람이 이메일을 확인
하는 시각에 맞춰 보내면 이메일을 읽을 가능성과
답장을 받을 가능성이 높아지기 때문이다.

이메일의 퍼머링크permalink[19]를 만들 수 있는 '셰어 디스 이메일Share this email' 기능도 매우 유용하다. 다른 커뮤니케이션 채널(슬랙 등)에서 내가 받은 이메일을 공유하고 싶을 때, 그전에는 이메일 내용을 캡처하거나 내용을 복사하는 방법밖에 없었다. 이 기능을 사용하면 블로그 아티클을 공유하듯이 이메일 내용을 내가 원하는 사람들과 공유할 수 있어 편하다.

폴리메일 Polymail [Mac, iOS]
유료, 일부 기능 무료로 사용 가능

폴리메일은 PC용 앱에서 시작했다. 장점은 지메일 계정이 없더라도 다른 계정을 연결해 사용할 수 있다는 점! 위에서 소개한 부메랑, 믹스맥스와 마찬가지로 폴리메일도 예약 발송 기능을 지원한다. 믹스맥스처럼 오픈·클릭 추적 기능과 이메일 URL 공유 기능도 지원한다. '받은편지함 청소

하기목차50'에서 소개했던 스케줄, 리마인드Remind 또는 스누즈 기능을 제공해 인박스 제로를 실천할 수도 있다.

폴리메일은 여기에 더해 '메일머지Mail Merge' 기능도 지원한다. 이 기능은 여러 사람의 이름과 이메일 주소가 들어 있는 데이터 파일을 이메일 본문과 결합해, 이름이나 이메일 주소 등만 다르고 나머지 내용이 동일한 이메일 여러 개를 한 번에 만들어 전송하는 기능이다. 메일머지에 대해서는 다음 장에서 자세히 소개한다.

메일스프링 Mailspring Pro [Windows, Mac, Linux]
유료, 일부 기능 무료로 사용 가능

폴리메일에 있는 고급 기능을 메일스프링에서
도 모두 지원한다. 또 윈도우Windows에서도 사용
가능하다. 테마 기능이 있어 사용자의 이메일 사
용 습관대로 레이아웃을 변경할 수 있고, 서명을
앱에서 바로 제작할 수도 있다.

메일스프링 앱의 다양한 테마들

나는 아이폰에서 뉴턴 메일을 중심으로 사용한
다. 알림 기능을 뉴턴 메일 앱에만 켜두었다. 첨부
파일 관리가 필요할 때에는 아웃룩 모바일을 사용
한다. 그리고 개인 이메일 계정은 지메일 공식 앱
에 연결해두었다. 뉴턴 메일을 대표 채널로 사용
하는 이유는 오픈 추적이 되기 때문이다.

PC에서는 크롬에 믹스맥스 애드온을 설치해
사용한다. 오픈 추적이 되면서 이메일 퍼머링크
공유 기능이 있기 때문이다. 얼마 전까지는 폴리
메일을 사용했고, 그전에는 메일스프링을 사용했
다. 아무래도 웹 환경에서 지메일을 오래 사용하
다 보니 내게는 웹브라우저에서 지메일을 사용하
는 게 가장 편하다. 파일명이 한글인 첨부파일을
보낼 일이 있을 때는 아웃룩 포 맥Outlook for Mac을
사용한다.

	Inbox by Gmail	Outlook Mobile	Boomerang
간결한 받은편지함	O	O	X
예약발송	X	X	O
Snooze/ Remind	X	O	O
오픈/ 클릭 추적	X	X	X
이메일 퍼머링크 공유	X	X	X
메일머지	X	X	X
그 외 특별한 기능	이메일 시각화	첨부파일 관리	실시간 이메일 작성 가이드
지원하는 환경	Web iOS Android	iOS Android Windows	Web
가격	무료	무료	무료, 유료

	Newton Mail	Mixmax	Polymail	Mailspring Pro
	○	×	×	×
	○	○	○	○
	○	○	○	○
	△	○	○	○
	×	○	○	○
	×	○	○	○
	생산성 앱 연동	서베이, CTA 버튼 삽입 등	CRM 툴 연동	이메일 서명 제작
	iOS Android Windows Mac	Web	iOS Mac	Windows Mac Linux
	유료	유료	유료	유료

55

기본 이메일 앱
다시 보자!

———

아이폰 사용자를 위한 팁

수많은 이메일 앱이 있지만 스마트폰에 기본 탑재된 이메일 앱을 고수하는 사람들도 있다. 이들이 시대에 뒤떨어진 사람들인가? 아니다. 기본 이메일 앱의 강점이 분명 존재한다. 어떤 강점이 있는지 살펴보자. (안드로이드 OS의 기본 이메일 앱은 지메일이기 때문에 여기서는 iOS 기본 이메일 앱만 다룬다.)

기본 이메일 앱은 스마트폰 제조사가 만들어 탑재했기 때문에 스마트폰 OS와 긴밀하게 연결되어 있다는 점이 가장 큰 장점이다. 특히 아이폰에서는 시리Siri를 사용해 이메일을 보내고, 확인하고, 답장도 할 수 있다. 다른 이메일 앱에서 시리를 지원하는 경우가 있지만 사용할 수 있는 명령어가 매우 제한적이다.

**시리Siri로 기본 이메일 앱에
명령할 수 있는 메시지 13**

이메일 보내기
"보라에게 여행에 대한
이메일 보내."
"약속 장소 변경에 대한 이메일을
민지에게 보내줘."
"혜진이한테 새 이메일을 보내."
"아빠에게 가족 사진에 대한
메일을 보내."
"서류 잘 받았어요라는 이메일을
민호에게 보내줘."
"유진이랑 보라에게 좋은 시간
보냈어라고 이메일 보내."

이메일 확인하기
"이메일 확인."
"오늘 지성이가 보낸
새 이메일 찾아줘."
"결혼에 대한 이메일을 보여줘."
"어제 주현이가 보낸 이메일을
보여줘."

이메일에 답장하기
"회비는 내일 보낸다라고 답장해줘."
"이 사람 직장으로 전화해."
"이 사람 직장으로
FaceTime 걸어줘."

위 내용은 iOS 11 시리 안내 화면에서 그대로 옮겼다.

앞 장에서 본 명령어를 100% 활용하려면 아이
폰 연락처에 이메일을 자주 주고받는 사람들의 이
메일 주소가 등록되어 있어야 한다.

시리 다음으로 유용한 것은 VIP 기능이다. 특정
인을 VIP로 지정하면 그 사람이 보낸 메일만 따로
확인할 수 있고, 알림 설정을 다르게 할 수 있다.
휴가 기간 중에 특히 유용한데, 기본 알림을 끄고
VIP가 보낸 이메일만 알림이 오도록 설정할 수 있
다. 아이폰 기본 메일 앱이 iOS와 긴밀하게 연결
된 덕분에 생긴 장점이 몇 가지 더 있다. iOS의 기
본 검색 기능을 활용해 이메일 내용을 검색하는
속도가 매우 빠르다. iOS 최신 버전을 사용하고
있다면 '마크업Markup' 기능을 사용해 PDF에 서명
한 후 다른 사람에게 빠르게 전송하거나, 사진에

메시지를 쓰거나 그림을 그려 메일을 보낼 수 있다. 첨부파일을 탭한 후, 파란색 연필 모양의 마크업 아이콘을 탭해 내용을 추가하면 된다.

항공권을 메일로 받았다면 캘린더에 비행 일정이 자동으로 추가되기도 한다. 이 기능을 사용하고 싶다면 아이폰의 〔설정〕-〔캘린더〕-〔Siri 및 검색〕에서 '다른 앱에서 이벤트 찾기'를 켜야 한다.

이메일
마케팅에서 배우기

이메일 세계엔 비즈니스만 있는 게 아닙니다. 마케팅이란 우주도 있습니다. 이메일은 세계에서 많이 사용하는 디지털 마케팅 수단 중 하나입니다. 흔히 스팸 메일로 인식되고 있지만, 제대로 된 동의 절차를 거치고, 타기팅 targeting이 잘 된 이메일 마케팅은 투자수익률 ROI, Return On Investment 도 매우 높습니다. 이 장에서는 저자가 이메일 마케팅 서비스 스티비를 기획·운영하며 얻은 지식과 정보를 바탕으로 비즈니스 이메일에 적용할 만한 내용을 선별해 소개합니다.

56

모바일로 먼저 읽고,
PC에서 찬찬히
다시 읽는다

메일과 다리leg의 공통점,
길어 보여도 괜찮다

많은 사람이 모바일 디바이스에서 이메일을 읽고, 쓰고 있다. 한국인터넷진흥원의 〈인터넷 이용실태조사〉(2016)를 보면 이메일을 스마트폰에서 사용하는 비율이 74.1%에 달한다. 이는 2015년 61.4%에서 12.7% 증가한 수치다. 이메일을 모바일에서 잘 보이도록 작성하는 것이 당연한 시대다. 그렇다고 우리가 특별한 노력을 할 필요는 없다. 본문이 텍스트와 첨부파일만으로 이루어진 이메일이라면 대부분 모바일 디바이스에서 무리 없이 읽을 수 있기 때문이다. 우리가 생각해볼 지점은 이메일 사용 행태다. 모바일 디바이스에서는 이메일이 도착했을 때 즉시 확인하고, 찬찬히 내용을 읽어보기 위해 PC에서 이메일을 다시 열어본 적이 있지 않은가? 그런 관점에서 다음 쪽에 실은 도식을 살펴보자.

사람들이 모바일에서 이메일을 읽는 방법

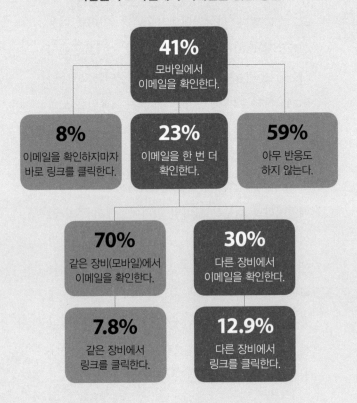

글로벌 이메일 마케팅 서비스인 캠페인 모니터 Campaign Monitor에서 발표한 자료다.[20] 조사에 참여한 사람 중 41%가 마케팅 이메일을 모바일 디바이스에서 확인하고, 그중 23%는 같은 이메일을 다시 읽어본다. 그중 30%는 처음과 다른 디바이스, 주로 PC에서 읽어보는데 모바일 디바이스에서 다시 읽어보는 70%의 사람들보다 클릭률이 65% 더 높다.

왜 이런 결과가 나타났을까? 마케팅 이메일에서 클릭은 곧 구매 전환의 전 단계를 뜻한다. 즉 상품 광고 이메일을 받아 잠깐 읽어봤더니 관심이 가는 내용이란 것이다. PC에서 다시 열어 자세히 읽어보고, 비로소 구매 결심을 했을 때 링크를 클릭한다고 볼 수 있다. 물론 한국처럼 PC보다 모바일에서 결제하기가 간편한 국가에 한정해 조사하면 다른 결과가 나올 수도 있다.

비즈니스 이메일에서는 모바일에서 처음 읽어보고, PC에서 다시 읽어보는 비율이 훨씬 더 높을 것으로 추정된다. 이메일로 받은 업무 요청을 처리하는 것이 모바일로는 어려워 PC를 켜서 처리하는 일이 상당할 것이고, 특히 일반적인 업무 환경에서는 데스크톱 PC를 사용하고 있기 때문이다. 따라서 이메일을 보내는데 모바일로 읽기에 내용이 많지 않을까 걱정하지 말자. 중요한 내용이라면 PC에서 찬찬히 다시 읽고 답장을 보내올 것이다. 그렇다고 하염없이 길어지는 이메일을 작성하는 것은 피하자. 본문 내용이 긴 이메일이라도 항상 염두에 두어야 할 것은 받는 사람이 핵심을 쉽게 파악해 답장하기 편하도록 작성해야 한다는 점이다. 그러려면 배경 설명과 요구하는 행동은 명확하게 구분하는 것이 좋다. 색상이나 들여쓰기 정도로 간단하게 스타일을 입히는 방식을 권한다. 답장을 요청하는 기한도 넉넉하게 두는 게 좋다. 명심해야 할 부분은 '메일 본문 길이가 길어도 괜찮다'는 의미가 '여러 주제를 하나의 이메일에 담아도 괜찮다'는 의미가 절대 아니라는 점이다. 목차22

57

누구나 누르기 쉽게,
CTA 버튼 삽입하기

———

클릭하게 만드는 것!

CTA 버튼은 Call to Action 버튼을 줄인 말이다.
즉 '행동 유도 버튼'이다. 이 버튼은 마케팅 이메일
에서는 빠지지 않는 요소다. PUBLY에서 보내는 마
케팅 이메일을 봐도 CTA 버튼이 들어 있다.

> **1월 18일(목) 오후 5시까지** 리포트를 구매 예약하실 수 있으
> 며, 프라이빗 살롱에서는 이분영 저자가 Food Loves Tech
> 2017 방문기를 발표할 예정입니다. 관심 있는 분들께서는
> 아래 버튼을 클릭해주세요! :) 고맙습니다.
>
> **관심 있어요!**

'관심 있어요!' CTA 버튼의 예

CTA 버튼의 목적은 명확하다. 클릭하게 만드는
것! 대부분 밝은 색상을 사용하고, 글자도 큼지막
하게 넣는 이유다. 모바일 환경에서 엄지손가락으
로 누르기 편하도록 세로 사이즈를 50px 정도로

만든다. 이메일 한 통에는 CTA 버튼을 보통 한두 개 넣는다.[21] 버튼이 너무 많으면 행동을 유도하는 데 방해가 되기 때문이다. 잘 설계된 이메일이라면 CTA 버튼 한두 개로 충분하다.

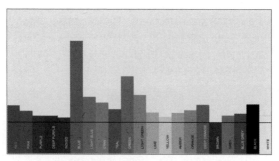

마케팅 이메일의 CTA 버튼 색상을 조사한 결과, 파란색 버튼이 가장 많았다. ©Really Good Emails

이메일 마케팅 서비스에서는 대부분 CTA 버튼을 만들 수 있는 기능을 제공한다. 비즈니스 이메일에 CTA 버튼을 삽입하려면 어떻게 해야 할까?

앞 장목차54에서 소개한 믹스맥스 앱을 사용하면 간
편하게 추가할 수 있다.

믹스맥스를 이용해 CTA 버튼 만들기

믹스맥스를 사용하지 않는다면 다른 방법으로
도 CTA 버튼을 만들어 삽입할 수 있다.

첫 번째 방법은 buttonoptimizer.com에서 버튼을 제작한 후, 'Download as PNG image'를 눌러 이미지 파일을 다운로드한 다음에 이메일 본문에 삽입한다. 이때 이미지 파일을 '첨부'하는 게 아니라 본문에 '삽입'하는 게 포인트다. 그다음 이미지 전체 영역을 선택한 후 링크를 삽입하면 된다.

두 번째 방법은 좀 더 복잡하다. buttons.cm에서 버튼을 제작하면 생성되는 HTML 코드를 복사해 메모장 등의 편집기에서 확장자가 .html인 파일로 저장한다. 저장한 파일을 웹브라우저에서 열고, 전체 선택해 복사한 후 이메일 본문에 붙여 넣기를 한다.

buttonoptimizer.com에서 CTA 버튼 만들기

buttons.cm에서 CTA 버튼 만들기

58

오픈과 클릭
추적하고
반응 예측하기

———

나는 고객이 1분 후에
할 일을 알고 있다

메일을 열어 읽는 '오픈'과 이메일 본문에 들어 있는 링크를 클릭하는 '클릭' 추적은 이메일 마케팅의 전통적인 영역이었다. 네이버와 다음 메일 등 한국 서비스에서 수신확인 기능을 제공하지만, 오픈했는지 안 했는지, 했다면 언제 오픈했는지만 알 수 있을 뿐이다. 몇 번이나 오픈했는지, 링크를 클릭했는지는 알 수 없다. 최근에는 (목차 54에서 소개한) 믹스맥스, 폴리메일, 메일스프링 등 다양한 앱을 통해 비즈니스 이메일에서도 오픈 추적을 비교적 정확하게 할 수 있다. 뿐만 아니라 클릭 추적과 첨부파일 다운로드 추적도 가능해졌다.

다음 화면을 보자. 밤 11시 11분, 내가 PUBLY 최우창 PM프로젝트 매니저에게 이메일을 발송한다. 최우창 PM이 이메일을 오픈하고, 본문 링크를 클릭

믹스맥스의 라이브 피드 화면.
이메일을 언제 어떤 환경에서 오픈하고 클릭했는지 알 수 있다.

한 때가 11시 12분이다. 이메일을 보내자마자 상
대가 확인한 걸 알 수 있다. 이후 PUBLY 박소령
CEO가 이메일을 오픈하고, 다시 최우창 PM이 이
메일을 오픈한다. 그다음 최우창 PM이 내게 답장
을 보낸다. 만약 이때 내가 PC를 사용하고 있다면
이 과정이 실시간으로 알림이 뜬다. 최우창 PM이

이메일을 두 번째로 오픈할 때, 그간 최우창 PM과 이메일을 주고받은 경험을 바탕으로 직감할 수 있다. '곧 답장이 오겠구나.' 예상대로 최우창 PM은 10분 뒤에 답장을 보낸다.

이렇게 오픈과 클릭을 추적하면 상대방의 행동 패턴을 학습해 미래의 행동을 예측할 수 있다. 주로 전화로 소통하던 고객이 있다고 치자. 오래전에 보낸 이메일을 갑자기 그 고객이 오픈했다는 알림이 뜨면 그 이메일에 담긴 내용에 대해 곧 전화가 오리라 예상할 수 있다.

59

추적할 때
주의할 점

———

맹신 주의

주의할 점이 두 가지 있다. 첫째, 오픈 추적은 아직 100% 정확하지 않다. 상대방이 이메일을 읽었는데 안 읽었다고 나올 가능성이 높다. 수신확인 기능을 맹신해 '입사지원서를 보냈는데 왜 읽지도 않고 탈락시키느냐'는 항의를 받기도 한다.

둘째, 다운로드 추적은 사실상 클릭 추적과 같은 방식이다. 즉 첨부파일을 일반적인 방식으로 업로드하는 것이 아니라 클라우드 스토리지에 업로드한 뒤, 그 URL을 링크로 거는 방식으로 추적하는 것이다. 따라서 클릭 추적 기능을 사용해 이메일을 발송했다면 받는 사람의 이메일 앱에서 첨부파일 미리보기 기능을 사용할 수 없다.

60

메일머지가
뭐지?

———

누가 첨부파일을 다운로드했고,
누가 다운로드하지 않았는지
알 수 있다

목차 54 '프로이메일러로 거듭나게 하는 앱'에서 폴리메일을 소개하며 잠깐 언급한 메일머지[22] 기능을 잘 활용하면 다량의 이메일을 효과적으로 발송할 수 있다. 앞에서 소개한 이메일 앱 믹스맥스, 폴리메일, 메일스프링 프로에서 메일머지 기능을 지원한다.

메일머지 사용법은 다음과 같다. 이어지는 278쪽에 내가 스티비에서 실제로 보도자료를 발송한 사례를 예로 든다. 메일머지 기능은 보도자료, 공지 사항, 정기적으로 고객이나 독자에게 메일로 기업이나 브랜드 소식을 전하는 업무를 담당한 이들에게 적극 추천한다.

메일머지 사용법

❶ 엑셀 등으로 수신자 목록을 만들고 CSV[23] 파일로 저장한다.

❷ 폴리메일에서 [Outreach] - [New Campaign] 버튼을 누른 후 방금 만든 CSV 파일을 선택하고 이메일 제목과 본문을 작성한다.

CSV 파일에 변수가 세 가지(Email, Name, Media) 있었고, 이메일 제목과 본문에 이메일 주소를 제외한 나머지 변수를 선택해 삽입할 수 있다. CSV 파일에 총 여덟 명이 들어 있기 때문에 발송 버튼을 누르면 이메일 여덟 통 모두 자동으로 발송된다. 초대장을 보내거나 보도자료를 보낼 때 사용하면 좋은 기능이다. 특히 제목에 '받는사람' 이름을 삽입하면 오픈율을 높이는 효과를 기대

Email	Name	Media
ixx@bloter.net	이OO	블로터
jxx@edaily.co.kr	정OO	이데일리
dxx@etnews.com	권OO	전자신문
bxx@chosunbiz.com	심OO	조선비즈
jxx@koreadaily.com	백OO	코리아데일리
axx@heraldcorp.com	박OO	헤럴드경제
sxx@itdonga.com	안OO	IT동아
dxx@zdnet.co.kr	황OO	ZDNet Korea

❶ CSV 파일로 저장한 수신자 목록 예시

❷-1 폴리메일에서 New Campaign 만들기

❷-2 폴리메일, 이메일 제목과 본문의 예시

할 수 있다. 실제로 제목 맨 앞에 '받는사람' 이름을 삽입했을 때, 오픈율이 14.68% 증가했다는 연구 결과가 있다.[24] 보통 이메일로 보도자료를 발송할 때는 '숨은참조'에 수신자들을 넣어 한 번에 발송하는 경우가 많다. 이렇게 메일머지를 사용하면 제목에 이름을 넣어 오픈율을 높일 수 있을뿐더러, 어떤 기자가 언제 이메일을 읽고 첨부파일을 다운로드했는지도 알 수 있다.

[보도자료] 이OO 기자님께, "마케팅 이메일, 점심시간에 발송해야 성과가 좋다" ☆

안녕하세요, 이OO 기자님. 스티비 조성도입니다.
블로터에서 기자님 기사를 잘 읽어보고 있습니다.
모두를 위한 이메일마케팅 '스티비(Stibee)'에서 공개한
'2017 이메일마케팅 리포트'에 대한 소식을 전달드립니다.

'2017 이메일마케팅 리포트'는 마케팅 이메일을 몇 시에 발송하면 좋은지, 무슨 요일에 발송하면 좋은지, 평균 성과는 어떤지, 마케팅 이메일 1개를 제작, 발송하는 데 얼마나 많은 시간을 사용하는지 등의 내용을 담고 있습니다.
'2017 이메일마케팅 리포트'는 스티비가 국내 이메일마케팅 현황과 인식을 매년 조사하여 발행하는 리포트로, 2017년 1월부터 2월까지, 국내 이메일마케팅 담당자 302명을 대상으로 온라인 설문 방식으로 진행됐습니다.

자세한 내용은 아래 본문 내용 참고해주시기 바랍니다. 고해상도 이미지도 압축하여 첨부했습니다. 궁금한 점이 있으면 아래 연락처로 연락해 주시기 바랍니다.

 스티비_2017 이메일마케팅 리포트 공개_201607...   157.23 KB

메일머지로 발송한 이메일 예시

61

문맥 마케팅
Contextual
Marketing

당신을 위해 준비했어

여러 사람에게 한 가지 메시지를 동일하게 발송하는 것이 아니라, 수신자의 참여를 이끌어내도록 내용을 구성하는 마케팅 기법을 문맥 마케팅 혹은 맥락적 마케팅이라고 한다. 수신자에게 최적화된 맞춤형 이메일을 발송해 더 높은 참여를 유도하는 것이다. 음악 스트리밍 앱인 스포티파이Spotify가 연말마다 회원들에게 보내는 메일에서는 각 회원이 1년간 어떤 음악을 가장 많이 재생했는지와 자신의 팬 랭킹(특정 아티스트에 대한 음악 재생 수로 사용자 랭킹을 매기는 것)을 알려준다.[25]

같은 목적으로 여러 사람에게 이메일을 보내더라도 수신자에 맞게 내용을 조금씩 변형하면, 수신자가 나만을 위해 작성된 것처럼 느낄 수 있고 답장이 올 가능성도 높아진다.

사용법은
잘 알겠는데,
커뮤니케이션이
어렵다면?

최신 이메일 앱을 사용하거나 지메일의 온갖 고급 기능을 사용할 줄 안다고 해서 이메일을 제대로 작성한다고 볼 수 없습니다. 기본 이메일 앱만 사용하고도 이메일을 잘 쓰는 사람들도 많죠. 잘 쓴 이메일은 굳이 만나서 회의할 필요가 없게 시간을 덜어주고, 소통 비용을 아껴줍니다. 이메일 고수들의 사례를 통해 커뮤니케이션 실력을 향상시켜 보세요.

62

스티브 잡스와
제임스 머독

협상은 메일로

이메일 관련 기능을 다 파악했다고 이메일을 마스터했다고 보기는 어렵다. 기계적으로 이메일을 작성하면 너무 딱딱할 수 있다. 또 세상에 커뮤니케이션 도구가 이메일만 존재하는 것도 아니다. 상황에 맞는 이메일 글쓰기 방법 그리고 커뮤니케이션 도구가 다른 사용자와 조화를 이루는 방법은 어떻게 체득할 수 있을까? 처방은 실제 사례다.

우선 잘 쓴 이메일을 따라 써보는 것이 도움이 된다. 첫 번째로 실천할 수 있는 방법은 주위에서 본받을 만한 이를 찾는 것이다. 나 역시 주위에 이메일을 일목요연하게 잘 쓰는 사람들이 있었고, 그들과 이메일을 주고받으며 많이 배웠다. 자신이 받은 이메일 중에서 어떤 이메일이 잘 쓴 이메일인지 살펴보고, 그 이메일의 구조를 따라서 작성해보자. 제목은 어떻게 작성했는지, 본문 구조는 어떻게 짰는지, 핵심 내용은 무엇이고 수신자는 그 메시지를 어떻게 받아들이는지 분석해보자.

두 번째로 실천할 수 있는 방법은 참고할 만한 사례를 검색해 찾는 것이다. 다른 사람들이 주고 받은 이메일을 읽어보는 경험은 매우 귀하다. 법정 소송 과정에서 증거물로 이메일이 공개되는 경우가 있고, 그 내용이 언론에 보도되기도 한다. 그리고 각국 정부나 기업의 비밀문서를 공개하는 위키리크스wikileaks.org에도 이메일 본문이 그대로 올라오는 경우가 있다.

공개된 이메일 중 주목할 만한 사례는 스티브 잡스가 2010년에 주고받았던 이메일이다. 2013

년에 미국 법무부가 애플과 대형 출판사 다섯 곳에 대해 전자책 가격 담합을 혐의로 반독점 소송을 진행하던 중 증거로 공개되었다. 스티브 잡스의 상대는 뉴스 코프News Corp의 고위 임원인 제임스 머독이었다. 뉴스 코프는 대형 출판사 하퍼콜린스HarperCollins를 소유했으며, 제임스 머독은 언론 재벌 루퍼트 머독의 아들이다.

아이패드 1세대 출시를 1주일 앞둔 시점이었고, 하퍼콜린스가 애플이 아이패드 출시에 맞춰 야심차게 준비한 전자책 스토어인 아이북스 스토어iBooks Store 입점을 거절한 상황이었다. 그 내용을 발췌해 소개한다. 이해가 쉽도록 일부 내용은 요약했고, 수정했다. 전문은 미국 시사 잡지 〈더 애틀랜틱The Atlantic〉홈페이지에서 읽을 수 있다.[26]

첫 통은 하퍼콜린스의 CEO 브라이언 머레이가 당시 애플의 앱스토어 책임자였던 에디 큐에게 보낸 이메일이다.

_ ⚓ ×

날짜: 2010년 1월 22일
보낸사람: Murray, Brian
받는사람: Eddy Cue
제목: Apple / HarperCollins

오늘 아침에 와주셔서 고맙습니다. 회의 때 제안한 내용입니다. 아래 조건이 만족되면 애플 전자책 오픈 시점에 맞추어 판매 가능하도록 하겠습니다.

1. 가격 책정: 하퍼콜린스가 가격을 결정할 수 있는 유연성이 필요합니다.
2. MFN(최혜국 대우): 하퍼콜린스와 애플이 가격에 동의하지 않으면 하퍼콜린스는 다른 업체에서 더 높은 가격을 받을 수 있어야 합니다.
3. 커미션: 더 낮은 커미션(10%)이 필요합니다. (애플이 요구하는) 30%의 커미션은 너무 높아 전자책 시장 자체의 균형을 망가뜨릴 것입니다.
4. 신간 발매 시: 다른 업체에 12개월이 아니라 6개월 이내에 신간을 판매할 수 있는 권한이 필요합니다.

당신이 동의한다면 레슬리가 케빈에게 위 사항을 반영한 계약서를 보낼 것입니다.

Thanks
Brian

왼쪽 첫 메일을 제임스 머독이 스티브 잡스에게
전달하면서 제목을 수정하고, 내용을 덧붙인다.

_ ⤢ ×

날짜: 2010년 1월 22일
보낸사람: James Murdoch
받는사람: Steve Jobs
제목: HarperCollins

스티브, 전화주셔서 고맙습니다.
브라이언 머레이가 오늘 에디 큐에게 아래 내용을 보냈습니다.
우리는 애플과 함께하고 싶습니다. 그러나 걱정거리가 있습니다.

간단한 수학입니다. 아마존 킨들은 출판사에서 $13에 책을 사서
$9.99에 판매합니다. 저자는 하드커버 책을 판매할 때 $4.20을 얻
고, 킨들 전자책을 판매할 때 $3.30을 얻습니다.

책 제작비와 유통비를 절약해 번 돈을 애플이 가져갑니다.
출판사나 저자가 가져가는 게 아닙니다.
또한 전자책 가격을 높게 책정하는 것에 대해 우려하고 있습니다.
대부분의 전자책 가격이 $9.99입니다. 신간 발매 시 첫 6개월은
애플이 더 낮은 커미션(10%)을 가져가면 좋겠습니다.

주말에 언제든지 전화하거나 이메일을 보내주세요. 저는 영국에
있습니다.(캘리포니아보다 8시간 빠릅니다.) 우리 집 전화번호는
000-0000입니다. 저는 정기적으로 이메일을 확인합니다.

Best, JRM

여기에 스티브 잡스가 답장한다.

제임스, 고려해야 할 몇 가지 생각이 있습니다.
우리 둘 사이에서 이 생각을 유지할 수 있다면 고맙겠습니다.

1. 아마존과 같은 회사의 현재 비즈니스 모델은 적정한 수익을 내지 못하기에 오랫동안 지속될 수 없습니다. 장기적으로 이 시장을 성장시키려면 유통업체도 최소한의 이익을 창출해 인프라, 마케팅 등을 통해 미래의 비즈니스에 투자해야 합니다.

2. 모든 주요 출판사가 아마존의 신간 판매가격 $9.99는 소비자에게 전자책의 가치를 떨어뜨리는 인식을 주고 있다며 지속하고 싶지 않다는 언급을 했습니다.

3. 애플만 이득을 얻는 것이 아니라 신간을 구입하기 위해 $16.99 이상을 내던 소비자가 $12.99만 내면서 소비자도 이득을 얻는 것입니다.

4. 출판사와 저자가 더 많은 이득을 취하진 못하지만 손해를 보는 것도 아닙니다.

5. 분석가들은 아마존이 18개월 동안 킨들 100만 대를 판매했다고 추정합니다.(아마존은 발표한 적이 없습니다.) 애플의 새 디바이스는 첫 몇 주 동안 여태까지 팔린 킨들보다 더 많이 팔릴 것입니다. 아마존, 소니와만 일하면 주류 전자책 혁명에서 멀어질 것입니다.

6. 고객은 신용카드 결제부터 독서 경험까지 통합된 솔루션을 요구합니다. 지금까지 막대한 거래량을 가진 온라인 스토어를 보여준 곳은 애플과 아마존 두 곳뿐입니다. 애플의 아이튠즈 스토어와 앱스토어에서는 1억2000만 명의 고객이 신용카드를 등록해 120억 달러가 넘는 상품을 구매했습니다. 전자책 시장을 메인스트림으로 끌어올 수 있는 엄청난 자산입니다.

그렇죠. 신간을 $9에 달라는 건 아마존이 현재 지불하는 $12.50보다 낮은 가격입니다. 하지만 현재 가격구조는 지속 가능하지 않습니다. 애플은 시장에 변화를 가져올 수 있는 유일한 플레이어로, 이미 6개 대형 출판사 중 4곳이 사인했습니다. 2차 오픈할 때 하퍼콜린스도 사인하면 책이 많아지고 좋겠죠.

Thanks for listening.
Steve

제임스 머독은 협상을 시도한다.

날짜: 2010년 1월 23일
보낸사람: James Murdoch
받는사람: Steve Jobs
제목: Re: Re: HarperCollins

스티브, 다시 한번 생각해봤습니다.
우리 상품 중 50% 이상의 책을 애플이 말한 $14.99 이하에
제공한다면 어떻겠습니까?

아직 하퍼콜린스 경영진과 논의한 건 아니지만, 제 생각에
일정 수량 이상 판매를 보장한다면 애플의 조건을 맞추는
쪽으로 얘기해보려 합니다. 어떻게 생각하는지 알려주세요.

다른 이야기지만, News Corp는 책뿐만 아니라 미국 비디오,
세계 전역의 비디오, 신문도 판매합니다. 모두 다른 상품이지만
애플과의 관계가 돈독해지면 애플과 News Corp 고객 모두에게
더 좋은 일이 될 것이라고 생각합니다.

Best,
JRM

스티브 잡스는 더 강하게 밀어붙인다.

날짜: 2010년 1월 24일
보낸사람: Steve Jobs
받는사람: James Murdoch
제목: Re: Re: Re: HarperCollins

제임스, 우리는 하드커버 책 가격을 기준으로 전자책
판매가격의 상한선을 설정합니다. 우리는 많은 콘텐츠를
온라인으로 판매한 경험이 있으며, 이것을 바탕으로 전자책
시장이 $12.99 또는 $14.99 이상의 가격으로 성공할 수 있다고
생각하지 않습니다. 아마존의 $9.99가 맞을 수도 있겠지만
우리는 이 가격을 기꺼이 시도하려고 합니다.
제가 알기로 하퍼콜린스에는 다음의 선택지가 있습니다.

1. 애플과 함께 메인스트림으로 뛰어들어 $12.99와 $14.99로
   진짜 전자책 시장을 만드는 것.
2. 지금처럼 아마존과 $9.99에 책을 판매하는 것. 당장은 더
   많은 돈을 벌어서 좋겠지만 아마존이 못 버티고 $9.99의
   70% 정도 줄 거예요. 그들도 주주가 있으니까요.
3. 아마존에서 판매하는 것도 하지 마세요. 고객이 전자책을
   합법적으로 구매할 방법이 없으면 훔칠 것입니다. 이것이
   불법 복제의 시작일 것이며 한번 시작되면 멈추지 않을 것
   입니다. 저를 믿으세요. 제 눈으로 똑똑히 지켜봤습니다.

어쩌면 제가 놓친 선택지가 있을지도 모르지만 다른 대안을
보지 못했습니다. 당신도 그렇지 않나요?

Regards, Steve

그리고 에디 큐에게 이 이메일을 전달한다.

날짜: 2010년 1월 24일
보낸사람: Steve Jobs
받는사람: Eddy Cue
제목: Fwd: HarperCollins

제임스 머독에게 보낸 나의 마지막 이메일입니다.

Sent from my iPhone
Begin forwarded message:

(이하 생략)

결국 3일 후, 하퍼콜린스는 애플과 계약한 사실을 공식 발표했다.

스티브 잡스는 새롭게 던지는 제안에 말려들지 않고 확고하게 밀어붙인다. 특히 명확한 수치를 제시하면서 경쟁사인 아마존과 비교한 애플의 강점을 제시한다. 우리가 주목할 점은 스티브 잡스와 제임스 머독이 이메일로 중요한 협상을 진행했다는 데 있다. 만약 같은 내용을 전화로 대화했다면 스티브 잡스가 협상 내용을 에디 큐와 공유하는 데 애를 먹었을 것이다. 이메일로 협상을 진행했기 때문에 마지막 이메일을 에디 큐에게 전달하는 것만으로 협상 결과를 공유할 수 있었다.

63

팍, 추락한
힐러리 클린턴

메일은 대선 후보도 떨어트린다

2015년, 힐러리 클린턴이 주고받은 이메일도 유명하다. 클린턴이 국무장관으로 재직하던 시절에 미국 연방 정부의 이메일 계정이 아니라 개인 이메일 서버를 구축해 그곳의 계정으로 이메일을 주고받았던 게 드러나 큰 논란이 일었다. 사적인 내용이라면 개인 이메일 계정으로 주고받을 수 있지만, 국무장관 업무와 관련된 이메일이 대부분이어서 문제가 되었다.

미국의 연방 정보공개법FOIA에 따라 클린턴의 이메일이 모두 공개되었다. 위키리크스에서 만든 '힐러리 클린턴 이메일 아카이브Hillary Clinton Email Archive'에서 찾아볼 수 있다. 총 5만547쪽이다. 이메일 양이 워낙 방대해 책에 내용을 담지는 않겠다. 내용이 궁금하다면, 정치 전문 미디어 폴리티

코Politico에서 선정한 '꼭 읽어야 할 힐러리 클린턴의 이메일 11개The 11 must-read Hillary Clinton emails'를 봐도 좋다.

PS 힐러리 클린턴이 무엇을 잘못했을까?

공적 국가 업무에 개인 이메일 서버를 사용했다는 점이 가장 큰 잘못이다. 2017년 12월, 우리나라에서 '암호화폐 대책 자료'가 정부가 공식 발표를 하기 전에 유출된 사건이 발생했다.[27] 카카오톡을 통해 자료를 공유한 사실이 화근이었다. 힐러리 클린턴은 그에 비하면 비교할 수도 없는 큰 잘못을 저지른 것이다.

클린턴이 사용한 이메일 주소도 살펴보자. hdr22@clintonemail.com과 hrod17@clintone mail.com이라는 이메일 주소를 사용했는데, 이 주소가 무엇을 의미하는지에 대해 추측이 난무했다. 'hdr'은 결혼 전 이름인 '힐러리 다이앤 로댐Hillary Diane Rodham'에서 따온 것이고, 'hrod' 역시 '힐러리 로댐Hillary Rodham'에서 따온 것이라는 설명이 설득력 있었다. 뒤에 붙은 숫자 '22'와 '17'은 무슨 의미일까? 미국 잡지 〈배너티 페어Vanity Fair〉는 '힐러리 클린턴의 비밀 이메일에서 '22'가 무엇을 의미하는가?'라는 기사에서 일반적인 타이어 휠 사이즈가 22인치인 것을 이용해 전미 스톡자동차 경주협회 레이싱 팬들에게 잘 보이려는 의도로 숫자를 넣었다든지, 테일러 스위프트Taylor Swift의 노래 '22'를 뜻한 것이었다든지 등 여러 추측을 내놓기도 했다.[28]

64

조성도와
최우창

일잘러들의
찰떡 같은 이메일 궁합

이번엔 유명한 사람이 아니라 나와 PUBLY 최우창[29] PM이 주고받은 이메일을 사례로 소개한다. 이 책은 PUBLY 디지털 콘텐츠 〈비즈니스 이메일 101〉에서 비롯되었다. 2017년 8월 최우창 PM이 페이스북 메신저로 내게 리포트 작성을 제안한 게 시작이다. 그 뒤로 아래 이메일을 보내왔다.

날짜: 2017년 8월 16일
보낸사람: 최우창
받는사람: 조성도
참조: 박소령, 김안나

[PUBLY] 조성도님, '이메일 커뮤니케이션' 프로젝트 제안 건으로 연락드립니다.

안녕하세요, 조성도님.
PUBLY 최우창입니다.

프로젝트 제안에 긍정적으로 회신해주셔서 감사드리며, 대략적인 콘텐츠 구상안 전달드립니다.

[콘텐츠 구상안]
– 타이틀(가제): 더 나은 이메일 커뮤니케이션
– 1줄 소개: 누구에게나 필요하지만 아무도
알려주지 않았던, 이메일 커뮤니케이션의 A to Z.

– 개요: 오늘도 고민합니다. 어떻게 하면
이메일을 더 잘, 효과적으로 쓸 수 있을지. 당신도
그런 고민을 하고 있다면, 이 리포트를 읽어주세요.

"이메일? 간결하고 명확하면 장땡이지!"

그렇습니다. 그러나 이메일 커뮤니케이션에서도 '심
플함'은 어렵습니다. 간결하고 정제된 이메일은 자신
을 위해서도 필요하지만, 이메일을 읽는 상대방의 시
간을 아껴주기도 하지요.

이메일 관련 용어부터 사내 커뮤니케이션과 외부 커
뮤니케이션을 각각 어떻게 효율적으로 잘 할지, 사용
법 및 주의 사항은 무엇일지, 업무용 이메일의 좋은
예와 나쁜 예는 무엇인지, 그리고 시간을 아끼는 이메
일 커뮤니케이션 방법은 무엇일지.

이메일 마케팅 서비스 스티비를 만들고 있는 슬로워
크 COO 조성도 저자가 이번에는 기업이 아닌 더 나
은 이메일 커뮤니케이션을 위한 글을 정리합니다.

- 타깃:
1) 오늘도 이메일로 자소서를 제출하는 취업 준비생
2) 이제 막 회사 생활을 시작해 이메일 보내는 것이
두려운 사회 초년생
3) 이메일 한 통 보낼 때마다 1시간씩 고민하는
회사원
4) 어떻게 하면 간결하고 명확한 이메일
커뮤니케이션을 할 수 있을지 고민하는 당신

**
위 기획안은 초안이기 때문에 타이틀을 비롯해 세부 내용
은 모두 수정하거나 조정할 수 있으니 이 점 감안해주시기
바랍니다.

페이스북 메시지로도 말씀드린 것처럼, 작년 TEDC 리포트
가 이메일 마케팅을 하는 기업 혹은 담당자를 위한 콘텐츠
였다면, 이번 리포트는 사회 초년생 혹은 업무용으로 이메
일을 많이 쓰는 사람들을 대상으로 한 콘텐츠를 생각하고
있습니다.

일단 저부터 이메일 커뮤니케이션을 더 잘하고 싶기도 하
고, 이메일 쓸 때마다 고민을 거듭하고 있는데요. 특히 사
회 초년생 분들은 업무적으로 이메일 사용하는 것이 익숙
지 않아 더 어려워하시더라고요. 그래서 이런 콘텐츠가 있
으면 좋겠다고 생각했습니다. :)

[프로젝트 진행 관련 안내]

프로젝트 기간은 2~3개월 정도 생각하고 있으며, 추가적인 기획안 논의는 <u>다음 주 중에 미팅을 통해 구두로 진행</u>하면 좋을 것 같습니다. 장소는 슬로워크가 있는 성수동 근방도 괜찮고, 역삼동 MARU 180 사무실도 가능합니다. <u>편하신 곳과 가능하신 시간</u> 알려주시면 그쪽에서 뵙도록 하겠습니다.

<u>계약서 샘플은 파일로 첨부</u>하였으며, 멤버십 추가 등으로 인해 작년과 달라진 부분이 일부 있으니 계약서 주요 내용은 미팅 때 같이 설명드리도록 할게요.

프로젝트 시작 일정은 8월 말~9월 초를 목표로 하고 있습니다만, 혹시 일정상 어려우시다면 조정 가능합니다.
검토해보시고 더 궁금한 점 있으시면 편하게 알려주세요.
고맙습니다.

콘텐츠 구상안은 들여쓰기를 해 다른 내용과 구분했고, 중요한 내용은 밑줄로 강조했다. 최우창 PM이 위 메일에서 미팅 장소와 시간을 요청했다. 당시 나는 중요한 프로젝트가 있어 주말에도 계

속 일하던 중이었고, 그 상황이 9월 말까지 지속
될 것으로 예상했다. 그래서 미팅 시간에 대한 답
을 바로 하는 대신 프로젝트 시작 일정을 연기하
는 것을 문의했다.

날짜: 2017년 8월 17일
보낸사람: 조성도
받는사람: 최우창
참조: 박소령, 김안나

안녕하세요 최우창 님.
매우 흥미로운 제안 주신 점 감사드립니다. 업무 목적의 이
메일 커뮤니케이션은 제가 오래전부터 관심 가지던 주제입
니다. (2015년에 회사 블로그에 '효율적인 일 처리의 기본,
이메일 사용 팁 공개!'라는 글을 쓰기도 했습니다.)

다만 제가 9월 말까지는 시간 내기가 어려울 것 같습니다.
그래서 프로젝트를 10월 초에 시작하는 것으로 미룰 수 있
는지 궁금합니다.

그럼 답변 주세요 :)
조성도 드림

다행히 일정 연기가 가능했고, 최우창 PM이 두
가지 선택지를 제시했다.

_ ✗ ×

날짜: 2017년 8월 17일
보낸사람: 최우창
받는사람: 조성도
참조: 박소령, 김안나

안녕하세요, 성도님.
긍정적인 회신 감사드립니다. :)

급박한 일정으로 제안을 드린 것 같은데요,
일정상 어려우시다면 10월 초에 시작하는 일정으로
준비해야 할 것 같습니다.

1. 프로젝트 준비 자체를 9월 말로 미루고, 10월 초에 오픈하는 것
2. 프로젝트 준비는 8월 말이나 9월 초부터 시작하고,
오픈 일정은 10월 초로 하는 것

둘 중에 어떤 것을 선호하시나요?

저는 오픈까지 여유가 생겼으니, 조금씩이라도 미리 준비하는
방향을 선호합니다만, 일정상 어렵다면 말씀해주세요.

만약 2번 안으로 진행을 원하신다면 추후 미팅 일정은
다시 잡도록 하겠습니다.
감사합니다.

미팅 일정을 정하는 이메일이 두 차례 오고 간 뒤 우리는 만났다. 만남 직후 최우창 PM이 미팅 내용을 정리해 이메일을 보냈다.

날짜: 2017년 8월 18일
보낸사람: 조성도
받는사람: 최우창
참조: 박소령, 김안나

안녕하세요 우창 님.
10월로 미룰 수 있어서 다행입니다.
준비는 미리 시작해놓으면 좋을 것 같습니다.

그럼 미팅은 다음 주가 좋을까요,
좀 더 나중에 뵙는 게 좋을까요?
다음 주라면 금요일 오전 가능합니다.
장소는 헤이그라운드와 마루180 모두 좋습니다.

즐거운 주말 보내세요!

조성도 드림

미팅이 끝난 시각은 오전 11시, 미팅 내용을 전달받은 시각은 오후 2시가 채 안 됐을 때다. 이렇게 미팅이 끝나자마자 그 내용을 정리해 참석자들에게 보내면 결정 사항을 상기시킬 수 있고, 미팅에서 정한 내용을 다시 확인하기도 좋다. 수신자인 내가 다음 단계로 해야 하는 행동은 밑줄로 강조해 표시했다.

날짜: 2017년 8월 25일
보낸사람: 최우창
받는사람: 조성도
참조: 박소령, 김안나

안녕하세요, 성도님.
오랜만에 뵈어 반가웠습니다. :)

오늘 미팅 내용 메모한 것 공유드립니다.

[8/25 첫 저자 미팅]

1. 타깃: 초년생 vs 실무자 중, 어떤 타깃에 집중하면 좋을 까?
– 초년생 타깃에 집중한 글이 더 쓰기 수월할 것 같음. 전 부터 많이 고민했던 내용이기도 하고.
– 실무자 대상 콘텐츠는 기존에 출간된 책(하버드 비즈니 스 리뷰 가이드?)보다 잘 쓸 자신이 없음.

2. 초년생/취준생은 PUBLY 기존 독자층은 아니고 구매력 이 높지 않은 타깃이라 실무자 타깃에 비해 리스크가 있 지 않을까?
– 사회 초년생이나 취준생에 한정하는 것이 아니라 스타트 업, 소상공인, 프리랜서, 중소 규모 기업 HR 담당자 등으 로 풀을 넓힐 수 있을 듯함.

3. 기존에 대학생(초년생) 대상으로 이메일 잘 쓰는 법(?) 강연한 발표 자료 보여주심.
– 해당 자료에 들어간 내용들을 콘텐츠에 녹여낼 수도 있 을 듯.

4. 콘텐츠에 넣을 만한 내용들은 무엇이 있을까?
– 이메일 용어, 이메일 주소, 이메일 에티켓, 사용법과 소 소한 팁들

311

- 언제 이메일을 써야 하고 언제 슬랙을 써야 하고 언제 메신저를 써야 하고… 업무 툴 이야기(다른 툴은 간단히만 써줘도 될 듯)
- 상황별/타깃별 이메일 커뮤니케이션 방법
- 비즈니스 메일과 마케팅 메일의 교차점. 비즈니스 메일에서 적용할 만한 마케팅 메일 팁들(CTA 버튼명, 메일 제목 등)
- 비즈니스 메일에서 사용할 만한 툴 소개 및 사용법 + 왜 써야 하는지, 쓰면 좋은 점(상대방이 이메일을 볼 때마다 알림을 주는 툴 등)
- 이메일 좋은 예, 나쁜 예, 이상한 예(케이스 소개 및 과제?)
- 효율적인 업무를 위한 조언(라벨링 등)
- 이메일 관련 에피소드, 재미있는 이야기(쉬어가는 코너)
- 스티비 일하면서 비즈니스 이메일 관련 사례나 고민?

5. 프로젝트 진행 프로세스, 일정, 계약서 설명

6. 오프라인 행사
- 일정은?
- 타깃 및 주제는?

7. 콘텐츠 가격은?

8. 콘텐츠 분량은?

9. 이번 프로젝트에서 저자로서 기대하는 바와 걱정되는
   점은?
   – 기대: 이 콘텐츠가 신입사원 교육용으로 쓰이거나 초년
   생이나 비즈니스 메일에 서툰 사람들이 입문용으로 읽고
   도움이 되면 좋겠다.
   – 걱정: 이 콘텐츠에서 소개하는 커뮤니케이션 방법과 팁
   들이 정답은 아닌데, 그런 것이 부담이 좀 된다.

10. <u>9월 4일 주차까지 콘텐츠 목차와 목차별 개요를 적어
    서 주시기로.</u>

11. 프롤로그 글은 10월 초 프로젝트 오픈 전에 가능하면
    틈틈이 써주시기로.

이상입니다.
빠진 내용이 있다면 말씀해주시기 바랍니다.

그럼 9월 둘째 주까지 콘텐츠 목차와 개요 작성해
공유 부탁드릴게요.

감사합니다!

이후 계속 이메일을 주고받아 스레드에 2017년 10월 23일까지 이메일 56통이 쌓였다. 10월 24일부터 12월 4일까지는 '[PUBLY] 비즈니스 이메일 101 프로젝트 관련'이라는 제목으로 이메일 43통을 주고받았고, 12월 5일부터 28일까지 '[PUBLY] 비즈니스 이메일 101 프로젝트 관련(2차 스레드)'이라는 제목으로 이메일 38통을 주고받았다. 대부분 쉽고 빠르게 의견을 낼 수 있는 안건이어서 각각 안건별로 스레드를 나누는 것보다 이렇게 프로젝트 하나를 기준으로 스레드를 묶는 것이 효율적이다. 한 스레드에 이메일이 40~50통 쌓이면 새로운 스레드를 시작했다.

스티브 잡스와 제임스 머독의 협상처럼 거대 기업의 거래에서만 이메일 커뮤니케이션이 중요한 것이 아니다. 저자와 최우창 PM의 사례처럼 규모가 작은 프로젝트에서도 이메일은 빛을 발한다. PUBLY 디지털 콘텐츠 〈비즈니스 이메일 101〉 프로젝트는 2017년 8월에 시작해 2018년 1월에 리포트를 발행했고, 2018년 5월에는 오프라인 워크숍을 추가로 개최했다. 이처럼 9개월에 걸쳐 진행된 장기 프로젝트의 주요 커뮤니케이션을 이메일로 주고받은 덕분에 효율적인 일 처리를 할 수 있었다. 프로젝트 매니저, 에디터, 커뮤니티 매니저 등 여러 이해관계자와 협업도 용이했고, 중요한 마감 일정을 놓치지 않을 수 있었다. 장기 프로젝트에서는 이메일을 보내면 보낼수록 쌓인 스레드의 가치가 올라가는 것을 확인할 수 있다.

65

조화로운
커뮤니케이션 비법

———

카톡, 슬랙, 이메일 사이
'효율성'에 대한 판단

이메일 없이 업무를 처리하는 것을 상상하기 어렵지만 이메일만으로 업무를 처리하는 것도 상상하기 어렵다. 내가 이메일 외에 사용하는 업무 커뮤니케이션 도구도 정말 많다. 내부와 소통할 때에는 슬랙Slack, 전화, 빠띠Parti, 지라Jira, 컨플루언스Confluence, 구글 드라이브, 트렐로Trello 등을 사용한다. 외부와는 전화, 문자, 카카오톡, 라인, 텔레그램, 인터콤, 페이스북 메신저, 행아웃, 구글 드라이브 등을 사용한다. 다양한 커뮤니케이션 도구 사이에서 이메일의 역할은 무엇일까?

이메일은 업무를 위한 커뮤니케이션 도구들 중에서 강력한 영향력을 행사해왔지만, 슬랙을 비롯해 실시간 비즈니스 협업 도구들이 등장하며 그 역할에 변화가 생겼다. 슬랙은 초기에 '이메일을

통한 조직 내부의 커뮤니케이션'을 줄이는 것을
내세웠고[30] 이 전략은 매우 성공적이었다.

　슬로워크에서도 슬랙을 사용한 이후에 동료들
간의 이메일 사용량이 많이 감소했다. 회의 일정
을 정하는 것과 같이 간단하면서도 시급한 업무에
이메일 대신 슬랙을 사용하기 때문이다. 그렇다면
언제 슬랙 대신 이메일을 내부 커뮤니케이션에 사
용할까?

맥락과 내용이 많을 때

슬랙은 대화가 흘러가는 방식의 UI를 채택하기 때
문에 실시간 커뮤니케이션에는 유용하나, 한 번에
많은 내용을 전달하면 놓치기도 쉬울뿐더러 흐름
을 따라가기가 쉽지 않다. 이럴 때는 이메일을 보

내는 것이 상대방을 배려하는 행동이다.

여러 파일을 함께 전달할 때

공공기관과 계약을 체결하는 상황을 생각해보자. 용역계약서, 과업지시서, 청렴계약이행서약서, 근로자 권리보호 이행서약서, 계약이행보증각서 등 여러 문서를 검토하고 그중 몇몇 문서에 날인해야 한다. 이 파일들을 슬랙으로 전달하는 것보다 이메일로 한 번에 전달하는 것이 효율적이다.

누가 읽고 누가 안 읽었는지 확인하는 것이 필요할 때

앞에서 소개한 이메일 앱을 사용하면 수신확인을 할 수도 있고, 특정 이메일에 답장이 얼마 동안 안 오면 알림을 받을 수도 있다. 슬랙에서는 (2018년 5월 현재까지) 누가 메시지를 읽었는지, 누가 파일을 다운로드했는지 알아보려면 직접 물어보는 방법밖에 없다.

예약 발송을 할 때

근무 시간 외 카카오톡을 이용한 업무지시 관행을 근절하기 위해 고용노동부가 카카오에 예약 전송 기능을 추가해달라는 요청을 했다고 한다.[31] 이메일을 사용하면 해결책은 간단하다. 퇴근 후에는 이메일 앱의 예약 발송 기능을 사용하는 것이다.

이메일이 항상 효율적인 것도 아니고, 다른 특정 도구들도 모든 상황에서 효율적인 경우는 없다. 조직 내부의 규칙이 있다면 그것을 따르는 게 우선이다. 그리고 '효율성'에 대한 판단은 메시지를 보내는 나보다 메시지를 받는 상대방을 더 많이 고려해야 한다는 점도 알아두자. 그런데 다른 조직과 커뮤니케이션하는 경우라면? 문자나 카카오톡 등의 인스턴트 메신저는 친구와 잡담을 나누는 데는 효율적이지만 업무를 처리하는 데는 적절하지 않다. 슬랙은 제한적으로만 사용할 수 있다. 상대 조직이 슬랙을 사용하지 않는다면 게스트 계정을 생성해 초대하는 방법이 있고, 슬랙을 사용하는 조직이라면 얼마 전에 추가된 'Shared Channel' 기능을 사용하는 방법이 있지만 다른 조직에게 우리 조직에서 사용하는 툴을 강요할 수는 없다.

이메일은 이런 걱정을 전혀 하지 않아도 된다. 이메일을 사용하지 않는 조직은 아마 없을 테다. 심지어 슬랙의 CEO인 스튜어트 버터필드도 하

루에 한 시간을 이메일을 주고받는 데 소비한다
고 한다.[32] 핵심은 도구가 아니라 커뮤니케이션 능
력이다. 앞에서도 언급한 것처럼 주위에서 이메일
잘 쓰는 사람을 찾아보고 그의 기술을 스스로에게
적용해보자. 새롭게 등장한 커뮤니케이션 도구에
대한 관심도 기울이자. 다시 말하지만 이메일이
만능은 아니니까!목차6

	카카오톡	이메일
커뮤니케이션 방식	대화를 주고받는 것에 가깝다.	편지를 주고받는 것에 가깝다.
메시지 기록 보존	백업 기능을 활용해 따로 백업해야 하고, 텍스트만 백업된다.	이메일 계정을 없애지 않는 한 용량이 모자라지 않는 한 첨부파일까지 계속 남는다.
검색 용이성	메시지에 포함된 단어로만 검색이 가능하다.	발신자, 제목/본문에 포함된 단어, 시기, 첨부파일 유무 등으로 검색이 가능하다.
스레드 지원	지원하지 않는다. 주제에 맞춰 채팅방을 새로 만드는 방식으로 해야 한다.	사용하는 서비스와 앱에 따라서 지원한다.
부가 기능	선물하기, 이모티콘 등 업무와 관련 없는 기능이 다수 있다.	사용하는 앱에 따라서 예약 발송 기능 등 업무에 도움이 되는 기능이 있다.

직업별
이럴 땐 이렇게

누구에게나 유용한 팁도 있지만, 누구에게만 필요한 팁도 있습니다. 이메일을 사용하는 방법은 직무에 따라 다르기 때문입니다. 스타트업 CEO, CS 담당자, HR 담당자, 취업 준비생, 퇴사 예정자 등 특정 상황에 따라 이메일을 작성할 때 알면 좋은 팁을 모았습니다.

66

스타트업
CEO

'발신자 이름'이 놀고 있다

우리 회사, 우리 제품을 알리는 일이 스타트업 CEO에겐 숙명이다. 이메일 '발신자 이름' 영역은 중요한 홍보 플랫폼이다. 해외 스타트업 중에는 아래 이미지와 같이 발신자 이름 영역에 CEO 또는 영업 담당자의 이름과 회사명이나 제품명을 함께 명기하는 경우가 많다. 특히 마케팅 이메일을 보낼 경우엔 기본 공식이다.

비즈니스 이메일도 마찬가지다. 발신자 이름에 회사명이나 제품명을 적자. 영문이라면 아래와 같이 '이름 from 제품명'이 좋고, 국문이라면 '이름(제품명)' '이름/제품명' 등이 보기 좋다.

Clark from InVision	프로모션	4 guidelines to help you de
Sara from Inside Intercom	프로모션	Farewell to 2017 – this wee
Kevan from Buffer	프로모션	We Studied Our Top Social

발신자 이름 영역을 활용한 예

이메일 주소에 자신의 직함을 밝히는 것. 스타트업 CEO들이 종종 실수하는 부분이다. 이메일 주소를 ceo@domain.com으로 생성하지 말자. 비즈니스 초기에는 CEO란 직함을 가진 사람이 회사에 한 명뿐이지만, 회사가 성장하면 상황이 변한다. 성공한 스타트업들을 보면 창업자가 현재 CEO를 맡지 않은 경우를 많이 찾아볼 수 있다. 다른 사람에게 CEO 자리를 넘겨주고 창업자 본인은 다른 직무를 맡는 경우도 있고, 아예 회사를 떠나 새로운 도전을 하는 경우도 있다. 미래에 ceo@domain.com을 다른 사람이 사용할 수도 있으니, 처음부터 이런 이메일 주소는 생성하지 않는 게 좋다. 목차 13에서 전한 자신의 이름으로만 구성한 이메일 주소가 가장 좋다는 메시지는 CEO라고 예외가 아니다.

마지막으로 스타트업 CEO 독자에게 꼭 하고 싶은 이야기가 있다. 바로 조직에 이메일 문화를 만드는 사람이 CEO 자신이라는 점을 잊으면 안 된다. 아직 체계가 갖춰지지 않은 스타트업이라면 CEO가 이메일을 작성하고 다루는 방식을 동료들이 모방할 가능성이 높다. CEO가 이메일을 언제, 어떻게, 얼마나 보내는지에 따라 조직의 이메일 문화가 결정된다.

링크드인 CEO 제프 와이너Jeff Weiner가 흥미로운 글을 쓴 적이 있다.[33] 효율적으로 이메일을 관리하는 일곱 가지 팁을 전하면서 이렇게 조언한다. "이메일을 덜 받고 싶으면, 덜 보내라." 이메일을 자주 주고받던 동료 두 명이 회사를 떠나자 이메일 수신율이 20%에서 30%가량 줄었다고 한다.

그동안 받은 편지함의 상당 부분이 그들의 이메일에 대한 제프 와이너의 답장, 스레드에 속한 사람들의 답장 등으로 채워져 있었다고. 그래서 그 뒤로 꼭 필요한 경우가 아니면 이메일을 보내지 않는 실험을 시작했다. 그 이후 받아보는 이메일이 훨씬 줄어들었고, 이 규칙을 계속 지키려고 노력한다고 한다. 회사에서 어떤 이메일 문화를 만들고 싶으면, 스스로 그 문화를 실천하는 것이 가장 빠른 길이다.

유명한 CEO들이 이메일을 어떻게 사용하는지 알고 싶다면 비즈니스 인사이더Business Insider의 기사 '팀 쿡, 빌 게이츠, 그 외 16명의 이메일 사용 습관[34]'을 읽어보자.

제프 와이너가 제안하는
효율적으로 이메일을 관리하는 팁 7

☐ 이메일을 적게 받으려면, 더 적게 보내라.

☐ 해결되지 않은 이메일은 '읽지 않음'으로
표시하라.

☐ 이메일을 확인하는 일상적인 일정을 만들어라.

☐ 단어를 신중하게 선택하라.

☐ '받는사람'과 '참조'를 명확하게 구분하라.

☐ 이메일을 받았으면, 확인했다는 답장을
보내라.

☐ 민감한 주제는 이메일로 논의하지 말고,
전화를 걸거나 직접 만나라.

67

CS 담당자

———

슬로워크의 성공 비기

아마도 하루에 가장 많은 이메일에 답장해야 하는 사람. CSCustomer Service, 고객 서비스 담당자일 것이다. 수많은 고객의 요청이 수신될 텐데, 능력 있는 담당자라면 고객에게 전달할 답변을 유형별로 구분해놓았을 것이다. 그렇다면 이메일 앱의 템플릿 기능을 사용할 차례다. 목차 54에서 소개한 이메일 앱 중 믹스맥스, 폴리메일, 메일스프링은 템플

폴리메일의 'Shared Team Template' ©Polymail, Inc.

릿 기능을 제공해 준비한 답변을 쉽게 불러와 사용할 수 있다. 특히 폴리메일은 다른 사람이 만든 템플릿도 공유해 사용할 수 있다.

슬로워크에서 고객 대응을 위해 사용하는 실제 이메일 사례를 간단히 소개한다. 슬로워크는 기업이나 단체, 기관에 디자인과 IT 서비스를 제공한다. 동종 업계에 경쟁력 있는 업체가 많아 고객에게 연락이 왔을 때 가능한 한 빨리 대응해야 한다. 고객이 서비스 상담을 위해 웹사이트에 밝힌 대표 이메일 주소(hello@slowalk.co.kr)로 이메일을 보내면, 슬로워크는 다음과 같이 대응한다.[35]

1. 지메일에서 자동응답을 설정해놓는다

지메일 〔환경설정〕 – 〔기본설정〕 – 〔부재중 자동응답〕 기능을 사용하면 어떤 이메일이 오든 정해진 답장을 즉시 보낼 수 있다. '부재중 자동응답' 기능의 목적은 이메일이 잘 수신되었다고, 고객을 안심시키는 데 있다.

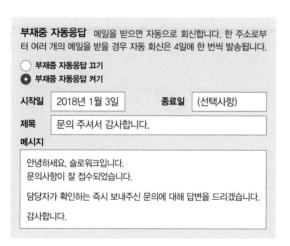

부재중 자동응답 메일을 받으면 자동으로 회신합니다. 한 주소로부터 여러 개의 메일을 받을 경우 자동 회신은 4일에 한 번씩 발송됩니다.

○ 부재중 자동응답 끄기
◉ 부재중 자동응답 켜기

시작일	2018년 1월 3일	**종료일**	(선택사항)

제목 문의 주셔서 감사합니다.

메시지

안녕하세요, 슬로워크입니다.
문의사항이 잘 접수되었습니다.

담당자가 확인하는 즉시 보내주신 문의에 대해 답변을 드리겠습니다.

감사합니다.

2. 고객이 보낸 이메일을 담당 팀원들이 함께 받는다

구글 그룹스Google Groups를 사용하면 하나의 이메일 주소로 된 메일링 리스트(이메일 그룹)를 만들 수 있다. 슬로워크에서 CS를 담당하는 부서는 CXCustomer Experience, 고객 경험팀이다. CX팀 메일링 리스트 주소는 sol-cx@slowalk.co.kr이다. 이 주소로 이메일을 보내면 CX팀 팀원들 모두가 이메일을 함께 받을 수 있다.

[환경설정] - [전달 및 POP/IMAP] - [전달] - '전달 주소 추가'에 특정 주소(sol-cx@slowalk.co.kr)를 추가해 두면 다른 계정(hello@slowalk.co.kr)으로 도착한 이메일이 추가한 특정 주소로 자동으로 전달된다.

3. 고객의 문의 사항을 처리하기 위한 담당자를 배정하고 그 사실을 알린다

CX팀에서 고객이 보낸 문의 사항을 확인한 후 업무를 진행할 담당자를 배정한다. 고객이 보낸 문의 사항은 대부분이 신규 프로젝트를 의뢰하는 내용이라 디자인팀이나 개발팀 PM을 담당자로 배정하는 경우가 많다. CX팀이 담당자를 배정하면 다음처럼 2단계로 진행한다. ❶ CX 팀이 고객에게 이메일을 발송한다. 고객에게 담당자를 배정한 소식을 전하는 이메일 예시는 338쪽에 있다. ❷ 담당자가 고객과 전화나 이메일을 통해 인사를 나눈 후 프로젝트를 진행한다. 담당자가 고객과 메일을 주고받을 때, 숨은참조에 CX팀을 넣기를 권장한다. 진행 중 문제가 발생했을 때 CX팀이 즉각 개입할 수 있기 때문이다.

제목: [슬로워크] (프로젝트명) 담당자 안내
받는사람: 의뢰자
참조: 담당자
숨은참조: sol-cx@slowalk.co.kr

안녕하세요 OOO님, 슬로워크 CX아키텍트 (내 이름)입니다.
의뢰하신 (프로젝트명)의 담당자를 안내해드리겠습니다.

슬로워크 (팀명)(직함)(이름)
이메일 주소: id@slowalk.co.kr
전화번호: 070-0000-0000

앞으로 위 담당자가 연락드릴 예정입니다.
(070 번호로 전화가 갈 수 있으니 유의해주세요.)

프로젝트 외에 다른 문의 사항이 있으면 저에게 연락 주세요.
감사합니다.
(내 이름) 드림

CS 이메일은 고객 또는 잠재 고객의 다양한 정보를 알 수 있는 매우 유용한 데이터다. 발신자 이름과 이메일 주소를 기본적으로 알 수 있고, 이메일 서명이 있다면 직장명, 직함, 전화번호 등도 수

집할 수 있다. 이메일 서명이 없더라도 기업 이메일 계정을 사용해 보냈다면 이메일 주소를 보고 직장명을 알아낼 수 있다. 따라서 잘 분류해 보관해두는 것이 중요하다. 되도록 이메일을 확인한 즉시, 아니면 주기적으로 라벨링을 해두자.

라벨은 주로 받는 이메일의 유형을 분류해 정해놓으면 된다. 슬로워크의 hello@slowalk.co.kr '받은편지함'에는 프로젝트 의뢰, 채용 문의, 그리고 기타 문의 라벨을 설정해 두었다. 이렇게 라벨을 붙여놓은 뒤 'Email Address Extractor'[36]라는 크롬 확장 기능을 이용하면 '받은편지함'에 있는 보낸 사람 주소를 자동으로 추출해 구글 시트로 만들어준다. 발신자 이름과 제목도 함께 추출할 수 있다. 고객 데이터베이스database를 관리하는 방법이다.

68

더 나은
CS 이메일을 위한
아틀라시안의 실험

———

자동답장 기능을 연구하다

기업용 소프트웨어를 제작하는 아틀라시안 Atlassian에서 '더 나은 CS 이메일 자동답장을 보내는 방법을 알기 위해 100개의 지원 요청을 했다'[37]라는 글을 작성했다. 지메일의 부재중 자동응답 기능을 사용하지 않더라도 CS 이메일에 대해 자동답장을 보낼 수 있는 다양한 방법이 있다. 아틀라시안에서 스테이터스페이지Statuspage라는 서비스를 운영하는 블레이크 손Blake Thorne은 고객 수가 늘어나면서 CS 이메일의 자동답장 기능을 제대로 설계해야겠다는 생각을 했다. 그 첫 단계로 다른 회사들이 자동답장을 어떻게 보내고 있는지 확인해보기로 했다. 이 글 중 중요한 부분을 발췌해 소개한다.

실험 방법

하이테크 기업, 중소기업, 대기업, 전통 브랜드 legacy brands, 항공사에 이르기까지 주관적이지만 다양한 기준으로 100개 회사를 선정해 다음과 같이 이메일을 보냈다.

New Message   — ⤢ ✕

이것은 테스트입니다.

안녕하세요!
먼저 이 메시지가 실제 지원 요청이 아님을 알립니다.
이 점에 대해 미안하게 생각합니다.

제 이름은 블레이크입니다. 스테이터스페이지에서 일하고 있습니다. 많은 회사가 지원 요청을 받았다는 것을 확인하기 위해 자동답장 기능을 사용한다는 것을 알게 되었습니다. 저는 블로그에 자동답장 기능을 어떻게 사용하는지에 대해 쓰고 싶었습니다. 그래서 여러 회사에 많은 지원 요청을 보내고 있습니다. 만약 자동답장을 사용하고 있지 않더라도 걱정하지 마세요.
그렇다고 제가 전화를 걸지는 않을 거예요.

만약 제가 당신에게서 자동답장을 받는다면,
저는 그것을 블로그에 예시로 사용하고 싶습니다.
출처를 명시하고, 블로그를 개시하면 알려드리겠습니다.

만약 당신이 직접 저에게 연락해 자동답장에 대해
알려주신다면 더 좋을 것입니다. blake@statuspage.io로
이메일을 보내주세요.(이 지원 요청은 제가 이 프로젝트를
위해 작성한 임시 계정으로 보냈습니다.)

Thanks! Happy Supporting!

Blake Thorne
Statuspage.io

난관

블레이크는 직접 지원 요청을 보내면서 고객의
관점에서 많은 것을 배웠다. 대부분의 회사에서
는 클릭 한두 번으로 이메일 주소나 지원 요청 양
식을 찾을 수 있었지만 그렇지 않은 곳도 있었다.
몇몇 회사는 이메일 주소를 도통 찾을 수가 없어

주소가 뭘지 추측해야 했다. 가장 일반적인 이메일 주소는 support@domain.com이나 help@domain.com이다. 블로깅 플랫폼 미디엄Medium은 yourfriends@medium.com을 사용하는데, 꽤 멋졌다.

결과

100개 요청 중에서 자동답장이 온 것은 63개였다. 11개는 저녁이나 주말 등 특정 시간대에만 자동응답 기능을 사용한다고 밝힌 조건부 자동답장이었다. 사람이 직접 작성한 것은 4개였다. 13개 요청 건은 전송 실패로 되돌아왔다. 그리고 9개 요청 건은 아무런 응답이 없었다.

우수 사례 **훌륭한 자동답장 이메일의 공통점**

1. 요청이 수신되었음을 확인한다.

> **Stripe**
> Stripe에 연락해주셔서 감사합니다!
> 간단한 메모를 통해 귀하의 메시지를 받았으며,
> 가능한 한 빨리 답장을 드리겠습니다. Yours, Stripe

2. 고객이 언제, 누구에게서 답변을 받을 수 있는
   지를 명확히 한다.

> **Postmates**
> 안녕하십니까, Postmates 고객지원팀에 문의하셨습
> 니다. 귀하의 문제를 해결하고 질문에 답변하는 것이
> 저희의 최우선 과제입니다. 긴급한 문제라면 20~30
> 분 내에 연락드리겠습니다. 그렇지 않으면 24시간
> 이내에 다시 연락드리겠습니다.
> 감사합니다. 좋은 하루 보내세요.

> **Zenefits**
> 우리는 귀하의 Zenefits 지원 요청을 받았다는 점을 알려드립니다.
> 저희 지원팀의 한 직원이 귀하의 문의 사항을 해결하기 위해 오늘 바로 귀하에게 문의한 뒤 후속 조치를 취할 것입니다.(예외 사항은 휴무 시간(링크) 참조.)

3. 즉각적인 지원이 필요한 경우, 아래와 같이 대안을 제시한다.

> **JustFab**
> 이메일을 보내줘서 고맙습니다!
> 저희 패션 컨설턴트 중 한 명이 가능한 한 빨리 답변을 드릴 것입니다. 패션 위급 상황이라면, 일주일 24시간 언제든지 866-337-0906으로 전화 주시거나, www.justfab.com에서 채팅하세요!
>
> Fabulously Yours, The JustFab Member Services Team

4. (보너스) 조금 가볍게: CS 이메일도 재미있을
   수 있다. 로봇의 자동답장도 스타일과 목소리
   를 가질 수 있다.

Tilt
이메일을 보내주셔서 고마워요!
우리는 카녜이 웨스트가 그래미상 시상식 무대로 점프
해 올라가는 시간보다 더 빨리 당신에게 도움을 줄 거
예요. 우리의 정상 근무 시간은 월요일부터 금요일까
지 오전 9시~오후 6시입니다. 자주 묻는 질문에 대한
답변은 Help Center를 확인해주세요.

Cheers, The Tilter Happiness Team
모바일 앱을 사용하면 이 문장을 읽는 것보다 빠르게
'tilting'할 수 있어요. iPhone 앱 또는 Android 앱을 지
금 다운로드하세요.

69

HR 담당자

―――

이메일 문화는
기업의 얼굴

이메일을 한 통 받으면 그 회사의 조직 문화를 가늠할 수 있다. 이메일로 조직 문화를 드러내는 방법을 알아보자.

1. 이메일 주소

앞에서 소개한 것처럼 본인의 이름을 사용하는 것이 가장 좋다.목차11 그렇지만 우리 조직의 특별한 문화가 있다면 그것을 드러내는 것도 좋은 방법이다. 모든 직원이 닉네임을 사용한다면 닉네임으로 이메일 주소를 만들 수 있다. 어떤 직원은 본명을 사용하고, 어떤 직원은 닉네임을 사용한다면 그것도 다양성을 인정하는 조직 문화라고 할 수 있다.

2. 발신자 이름

발신자 이름도 마찬가지로 조직 문화를 드러내

는 좋은 수단이다. 본명, 닉네임, 부서명, 제품명, 회사명 등 발신자 이름을 활용하는 방법도 가지가지다. 중요한 점은 형식을 정해 일관되게 적용해야 한다는 점이다. 한국에서는 주로 대기업에서 발신자 이름에 여러 정보를 넣는 것을 볼 수 있다.

정우성(Woosung Chung) 대리 OO건설
정려원 OO마케팅팀

3. 제목

제목 규칙을 어떻게 정할 수 있겠나 싶지만, 말머리 규칙이라고 하면 이해가 될 것이다. 답장을 요청하는 기한을 말머리에 명시하는 경우도 있다.

[공지]　　　　　　**[공유]**　　　　　　　　**[자료요청/1.10]**
[주간보고]　　　　**[프로젝트명]**

4. 첨부파일명

첨부파일명을 규칙으로 정해두면 파일을 효율적으로 관리할 수 있다. 파일명 규칙은 조직 내부에서 사용하고 있는 것을 차용하는 게 좋겠지만, 이메일의 첨부파일로 보낼 때는 미리보기 화면에 파일명의 앞부분만 표시된다는 점을 인지해야 한다. 따라서 여러 파일을 첨부할 때는 앞 10자 이내에 각 파일을 구분할 수 있는 내용을 넣는 것이 좋다.

이런 내용을 조직 내 가이드로 만들었다면, 신입사원이 입사했을 때 바로 알려줄 수 있다. 아래는 PUBLY에서 2016년 6월에 내부에서 공유했던 비즈니스 이메일 가이드다. PUBLY 이메일 가이드는 이후에 몇 차례 업데이트되었다.

[PUBLY] 이메일 가이드

안녕하세요,

지금 이메일을 받는 세 분은 외부 커뮤니케이션을 많이 하는 만큼, 회사 이메일 사용에서도 일정한 가이드가 필요하기에 메일 드립니다. 더 필요한 게 있으면 계속 수정, 보완하지요.

1. 이메일 하단의 서명은 아래와 같이 통일하도록 하겠습니다. 환경설정에 가서 수정하시면 됩니다. 그리고 답장에서 이전에 받은 메일 내용 위의 체크박스에 체크해주세요.

   박소령 드림 | 010 0000 0000

2. 회사 이름 사용 관련 : (일부 예외가 있을 수 있으나), 공식적으로 PUBLY 영문명을 표기해주세요. 한글 사이에서 영문이 눈에 뚜렷이 부각되기 위함입니다.

3. 이메일의 본문은 single space(엔터 한 번)로 작성합니다. double space(엔터 두 번)는 지양해주세요. PC는 물론 모바일에서 너무 벌어져 보입니다.(지금 제가 쓰고 있는 것이 single space입니다.)

4. 이모티콘 사용 관련 : 저자와의 관계에 따라 유동적이긴 하지만, 이메일상에서 이모티콘 사용은 되도록 자제하는 것이 맞다고 봅니다. 이메일은 기본적으로 업무상 용도이고, 그만큼 professional하게 사용해야 하겠지요. text가 뉘앙스를 완벽하게 담기 어렵기 때문에 일부 이모티콘을 불가피하게 사용하게 됩니다만, 이모티콘이 main이 되어서는 안 되겠지요.

5. 이메일 발송 전에, 다시 한번 읽어보시고 마침표 및 쉼표 사용, 오타 등은 체크를 꼭 해주세요.

박소령 드림

조직 내 가이드를 만들었다면, 앞으로 동료가 될 사람의 이메일을 확인할 차례다. 입사지원자가 입사지원서를 이메일로 받았을 때 참고할 수 있는 체크리스트를 소개한다.

☐ **발신자 이름**

영어가 기본 언어인 외국계 회사라면 이름을 영문으로 적어놓은 지원자가 눈에 띌 것이다. 그 외에는 HR 담당자가 지원자의 이름을 명확히 인지할 수 있고, 추후 검색이 용이하도록 국문 본명을 사용한 지원자를 눈여겨보자.

☐ **이메일 주소**

이 리포트를 여기까지 읽었다면 어떤 이메일 주소가 바람직한지 파악하고 있을 것이다. 이메일 주소는 입사하면 업무용으로 새로 만들어야 하니 크게 중요한 것은 아니다. 나는 특이한 이메일 주소를 가진 지원자와 인터뷰를 할 때 아이스브레이킹 목적으로 이메일 주소의 의미를 물어보기도 한다.

☐ 제목

보통 입사지원서의 제목은 채용공고에 정해져 있는 경우가 많다. 채용공고를 성실하게 따랐는지 확인하자. 채용공고에서 제목을 명시하지 않았다면 제목에 '이 이메일이 어느 포지션의 입사지원서임'을 드러내고 있는지 살펴보자.

좋은 사례
[입사지원] UI 디자이너 OOO
UI 디자이너 입사지원

☐ 내용

연락처나 이력사항 등 입사지원서에 적혀 있어
야 할 중요한 내용이 본문에 따로 적혀 있지 않
은지 살펴보자. 입사지원서를 검토할 때는 매
번 이메일을 열어서 보는 것이 아니라 파일을
따로 저장해 다른 지원자들과의 지원서와 함께
검토하기 때문이다.

☐ 첨부파일

제목과 마찬가지로 채용공고에서 가이드를 주
는 경우가 많다. 채용공고에 명시해두지 않았

다면 최소한 지원자의 이름이 파일명에 들어
있는지 확인하자.

☐ 프로필 이미지

요즘 블라인드 채용을 실시하는 기업이 늘어나
고 있다. 학력 사항뿐만 아니라 사진도 받지 않
는 것이 블라인드 채용의 취지다.

이렇게 블라인드 채용을 실시하는 기업에 지원
하면서 프로필 이미지에 자신의 얼굴 사진을
큼지막하게 집어넣은 지원자를 맞닥뜨릴 가능
성도 크다. 물론 입사지원자가 본인 이메일 계
정의 프로필 이미지까지 신경 쓰기는 현실적으
로 쉽지 않겠지만, 지원하려는 기업에 대해 잘
알아본 지원자라면 프로필 이미지도 신경 썼을
것이다.

70

취업 준비생

'좋은 첫인상'과
'빈틈없는 서류 제출'

이메일로 입사지원서를 받는 경우가 상당히 많다. 스타트업이나 외국계 기업에서 그런 사례를 많이 찾을 수 있고, 특히 공개채용보다 수시채용일 때가 많다. 흔히 자기소개서나 면접에서 지원자의 첫인상이 결정된다고 생각하지만, 처음 이메일을 보냈을 때가 첫인상이 생기는 순간이다.

발신자 이름과 이메일 주소가 본명과 맞는지 점검하는 것은 기본이다. 제목을 쓸 때, 채용공고에서 안내한 가이드가 있다면 빠짐없이 따르자. 제출해야 하는 파일이 여러 개라면 본문에서 글머리 기호를 사용해 리스트로 정리하면 좋다. '혹시라도 빠진 부분이 있다면 알려달라. 빠르게 보완하겠다'고 마무리하면 인사 담당자에게 좋은 인상을 남길 수 있다. 그렇다고 본문에 구구절절하게 내용을 적지는 말자. 이메일은 '좋은 첫인상'과 '빈틈없는 서류 제출' 목적을 달성하면 충분하다. 참, 첨부파일명의 가이드가 채용공고에 적혀 있을 수도 있으니 꼼꼼히 확인해야 한다.

서류전형 통과, 면접 안내 등을 이메일로 받는다면 확인하는 즉시 답장을 보내자. 빠른 답장을 위해서는 이메일 앱의 푸시 알림 기능을 켜두었는지 확인해야 한다. 정말 가고 싶은 회사라면 탈락 메일에도 답장을 보내 후일을 도모할 수 있다. 다만 입사원서를 보낸 이메일의 수신확인이 되지 않았는데 탈락시켰다고 항의하지는 말자. 수신확인 기능은 완벽하지 않기 때문이다.

취업 준비생이 반드시 읽어야 할 목차 10

직업별 이럴 때 이렇게

71

퇴사 예정자

———

따라가고 싶은
아름다운 뒷모습

퇴사 의사를 밝히는 것은 이메일보다는 직속상관이나 인사 담당자 등 회사 규정에 정해진 사람에게 구두口頭로 전달하는 것을 추천한다. 당장 만나지 못하거나 구두로 전달할 때 우려되는 점이 있어 확실하게 의사를 표현하고 싶을 때는 이메일만 한 것이 없다. 만약 회사에서 어떤 불이익을 받을 것이 걱정된다면 숨은참조에 개인 이메일 주소를 넣어 향후에 활용 가능한 증거로 남겨두는 것도 좋다.

좋은 일이든 아니든 간에 퇴사하기 전에 업무상 관계 있던 사람들에게 이메일로 인사를 남기는 것을 추천한다. 회사 내에서 고마웠던 사람들을 떠올려보고, 간결한 인사를 남겨보자. 거래처 등 회사 외부 관계도 퇴사로 끊기지 않도록 유의해야 한다. 이직을 한다면 어떤 회사의 어느 포지션으로 이동하는지 명확히 밝히고, 상대방이 내게 용무가 있을 때 연락할 수 있도록 개인 이메일 주소를 삽입하자. 예상치 못했던 새로운 기회를 발견할 수도 있다.

PS '직업별 이럴 땐 이렇게'를 마치며

목차 66부터 72까지 스타트업 CEO, CS 담당자, HR 담당자 등 이메일 사용이 많거나, 조직에서 이메일 사용에 대한 영향력이 큰 직무를 담당했을 때의 팁 몇 가지를 살펴봤다. 흔히 이메일 규칙은 한번 정해지면 바뀌는 일이 거의 없다고 한다. 하지만 새로운 커뮤니케이션 도구가 등장하며 변화한 이메일의 역할, 이메일 앱의 발전에 따른 변화 등 새로 검토하고 반영해야 하는 규칙이 생기기 마련이다. 이런 변화를 빠르게 받아들이고 조직 내부에 적용하면 생산성도 증가하고 고객의 만족도도 높아질 수 있다.

72

퇴사 전
신변 정리

———

떠나기 전,
이메일 주소도 챙기자

책상을 정리하기 전에 해야 할 일이 있다. 회사 이메일 주소로 가입한 웹사이트에서 이메일 주소를 변경하는 작업이다. 대부분의 웹사이트에서는 비밀번호를 잊어버렸을 때, 등록된 이메일 주소에 비밀번호 재설정 메일을 보낸다. 그러나 퇴사한 후에는 회사 이메일 계정에 접근할 수 없기 때문에 비밀번호를 잊어버렸을 때 재설정할 방법이 없다. 따라서 웹사이트에 등록된 회사 이메일 주소를 개인 이메일 주소로 변경해놓아야 한다. 이메일 주소를 변경할 수 없다면 고객센터에 문의해보고, 다른 방법이 없으면 탈퇴한 후 재가입해야한다. 어떤 웹사이트에 가입했는지 정확히 모르겠다면 '회원가입'이라는 키워드로 이메일을 검색해보자. 웹사이트에 가입한 직후에 받은 환영 메일들을 찾을 수 있을 것이다.

체크리스트

지금까지 이 책에서 다룬 내용을 짧은 시간 동안 확인하기 쉽게 체크리스트를 만들었습니다. 복습에 효과적이고 자신 혹은 조직만의 체크리스트를 만들어 이메일을 작성하기 전에 확인하길 권합니다. 몇 번 반복하면 어느 순간 체크리스트 없이도 훌륭한 이메일을 보내고 있을 겁니다.

73

발송 전, 이메일
체크리스트 8

———

가는 이메일이 똑똑해야
오는 이메일이 똑똑하다

발송 전, 이메일 체크리스트 8

☐ 받는사람, 참조, 숨은참조를 제대로 적었는가?

☐ 제목이 내용을 잘 드러내는가?

☐ 내용 중 여러 주제가 들어 있지는 않은가?

☐ 내용 중 이해하기 어렵거나 애매모호한 표현은 없는가?

☐ 파일을 첨부했는가?

☐ 오타, 비문, 틀린 맞춤법은 없는가?

☐ 수신자가 해야 하는 행동과 마감 시한 등을 명확히 제시했는가?

☐ 이메일을 보내기에 적당한 시각인가?

'수신자는 한가하지 않다'는 전제를 생각하면 어렵지않게 실행할 수 있다. 체크리스트를 참고해 조직의 이메일 가이드를 만들어놓는 방법도 있다.

74

조직 내
이메일 가이드

———

슬로워크의
사내 이메일 가이드를
공개한다

이메일의 겉

발신자 이름
- 국문 본명 사용
- 영문 본명 사용(영문 이메일 발송 시)

이메일 주소
- 아이디에서 이름 또는 닉네임이 연상될 것
- 숫자를 사용하지 않을 것

프로필 이미지
- 원하는 이미지로 설정(모바일에서 이메일을 확인할 때 프로필 이미지가 설정되어 있으면 (앱에 따라) 눈에 더 잘 띈다.)

이메일의 속

제목
- 하나의 이메일 스레드에는 하나의 주제만 담고, 그것이 검색친화적으로 제목에 드러나야 한다. 가벼운 내용이거나 여러 개의 주제를 하나로 묶는 게 효율적일 때는 하나의 스레드에 여러 주제를 담아도 된다.

- 말머리 규칙:고객과 프로젝트를 진행할 때는 [프로젝트명]을 사용한다. 처음 연락하는 고객에게는 [슬로워크] 말머리를 사용한다.

체크리스트

수신인	• to 이메일을 받고 행동을 해야 하는 사람 • cc 직접적인 내/외부 관련자 • bcc 가급적 사용하지 않는다. • 모든 업무 이메일은 팀메일을 cc에 넣는다. 다만 민감한 개인정보를 다룰 때에는 예외로 한다.
본문 작성	• 업무용 이메일은 편지가 아니라 공식 문서다. 전달할 내용과 요구하는 행동을 명확히 적는 다. 요구를 할 때는 시한도 명시한다. • 회사 내부 이메일은 슬랙에서 대화하듯 친근하 게 작성해도 된다. 그러나 이때도 명확성은 유 지해야 한다. • 고객이나 기타 이해관계자에게 보내는 이메일 은 인사말과 맺음말 등 최소한의 격식을 갖춰 야 한다. 특히 처음 연락하는 상대방에게는 인 사말에서 작성자가 누구인지 분명하게 밝혀야 한다. • cc에 포함된 사람이 누구이고, 어떤 이유로 포 함되었는지 밝힌다. 새로 추가되거나 빠질 때 도 마찬가지다.

본문 스타일	• 줄바꿈은 엔터 한 번만(single space). 문단 구분할 때만 엔터 두 번(double space). (현재 이 문서가 single space임)
	• 글머리 기호는 ·과 숫자를 사용하고, 되도록 에디터 기능 사용
	• 진하게, 밑줄, 색상 등의 스타일은 한 메일에서 3개 이내로 사용
	• 하이라이트 시에는 '슬로 오렌지' 컬러 사용 권장(#FA5514)
	• 글자 크기 변경은 되도록 하지 않음
서명	• 본명(국문, 영문), 닉네임, 직함, 휴대폰번호, 회사명, 웹사이트 주소 (CX팀에서 세팅함)
첨부파일	• 파일명 규칙:Slowalk – 고객사명 – 프로젝트명 – 문서명 – 작성자명 – 날짜
	• 포맷 규칙:편집이 필요한 파일은 MS오피스 우선, 읽기만 하면 되는 파일은 pdf 우선

그 밖에

작성하기 전 점검

- 이 메시지를 전달하기에 이메일이 적합한 수단인가? 예를 들어 처음 시안을 전달하는 것이라면 대면 PT를 고려해보자. 어떤 문제 상황이 발생했다면 미팅을 요청하고, 그게 어렵다면 전화를 하자. 그 후에 결정된 사항을 정리해 이메일로 보내자.

- 내 권한 하의 일인가? 내부 이해관계자의 사전 동의를 거쳤는지 확인하자. 작업자의 권한, PM의 권한을 벗어나는 내용이 아닌지 살펴보자.

발송 버튼을 누르기 전 체크리스트

- ☑ 받는사람, 참조, 숨은참조를 제대로 적었는가?
- ☑ 제목이 내용을 잘 드러내는가?
- ☑ 내용 중에 여러 주제가 들어 있지는 않은가?
- ☑ 내용 중에 이해하기 어렵거나 애매모호한 표현이 있지는 않은가?
- ☑ 오타, 비문, 틀린 맞춤법이 있지는 않은가?
- ☑ 수신자가 해야 하는 행동과 마감 시한 등을 명확히 제시했는가?
- ☑ 이메일을 보내기에 적당한 시각인가?

이메일을 받은 후	• 최대한 그 날 퇴근하기 전에 답장을 보낸다. 상대방이 요구한 행동을 즉시 할 수 없는 상황이라면 "알겠다. 언제까지 하겠다"라고 보낸다.
	• 답장을 보낼 때는 '전체답장'을 기본으로 한다.
부재중 자동응답	• 3일 이상 부재시 부재중 자동응답을 설정한다.
	• 들어가야 하는 내용: 부재 종류(휴가 등), 업무 복귀일, 업무 대행자와 연락처, 기타(안식휴가라면 슬로워크의 조직 문화를 알리는 차원에서 휴가의 의미를 블로그 글로 소개)

이메일 계정 설정부터 이메일 작성법, 답장을 보내는 법까지 다뤘다. 이메일을 주고받는 상황이 여기에 적힌 것이 전부가 아니기 때문에 계속 내용이 추가되고 있다. 컨플루언스라는 툴을 사용하여 위키 방식으로 가이드를 만들어나가고 있어 슬로워크 구성원 누구나 수정 제안을 할 수 있다.

75

조직 내
이메일 가이드

———

삼분의 일과 깃랩

간혹 이메일 가이드라인을 공개해 놓은 회사들을 찾아볼 수 있다. 스타트업 '삼분의 일'과 오픈 소스 호스팅 업체 깃랩GitLab도 자신들의 이메일 가이드라인을 공개했다. 삼분의 일은 매트리스를 제조하고 깃랩은 소프트웨어를 개발한다. 두 기업이 판매하는 상품은 다르지만 이메일 가이드라인에서 공통점을 찾을 수 있다. 바로 스레드의 중요성이다. 삼분의 일은 가이드라인에서 이메일 작성 시 제목과 연관된 내용만 적길 권하고, 깃랩도 이메일 스레드 하나에 여러 항목을 넣지 말라고 한다. 비즈니스 이메일을 보낼 때 가장 중요한 지점이다. 다른 점도 보인다. 삼분의 일은 가벼운 대화는 슬랙을 사용하라고 하는 반면 깃랩은 이메일을 채팅처럼 사용해도 된다고 한다. 가벼운 이메일을 많이 주고 받는 서구 문화 때문으로 보인다.

삼분의 일의 이메일 가이드라인

1 제목 반드시 구체적으로 적는다. 가능한 검색어를 고려한다. 이메일을 검색해야 하는 경우가 있기 때문이다.

2 CC 이메일 스레드가 진행됨에 따라 해당 내용을 계속 알고 있어야 하는 멤버를 반드시 CC 한다. 어떤 멤버가 해당 내용을 알아야 하는지 판단하기 어렵다면, 가능한 많은 멤버들을 CC 로 추가한다.

3 내용 가능한 제목에서 벗어나지 않는다. 제목과 어느 정도 연관은 있지만 이메일 스레드에서 주로 논의하고 있는 내용과 밀접하지 않다면, 새로운 이메일 스레드를 개설해 내용을 공유한다. (기존에 생성된 이메일 스레드 중에서 공유하고자 하는 내용과 연관성이 높은 것이 있다면, 이를 활용해도 된다.)

4 유의사항 가벼운 대화나 일정과 업무에 관해 특정 멤버가 잊고 있을 때 이를 상기시키기 위한 내용 등은 슬랙을 활용한다. 업무에 도움이 되는 정보나 리서치 결과, 회의 내용은 이메일을 통해 공유한다. 관련된 멤버를 CC 하면 불필요한 절차를 줄일 수 있다.

5 구글 사이트(매뉴얼) 이메일 스레드를 통해 정리된 중요한 사항과 절차, 규정, 계획 등은 정리해 반드시 구글 사이트에 올린다. 구글 사이트는 우리의 노하우와 무엇을 배웠는지를 체계적으로 정리한 매우 중요한 곳이며, 지속적인 업데이트로 관리를 해야 한다.

깃랩의 이메일 가이드라인

1 하나의 이메일에 여러 항목이 있을 경우 지연 또는 누락이 발생할 수 있으므로 항목당 하나의 이메일을 보낸다.

2 조치가 필요하지 않을 때 조차도 모든 사람들에게 답장을 함으로써 항상 이메일에 답장을 보내라. 이 방법을 사용하면 이메일을 받았다는 것을 다른 사람이 알 수 있다. 확인(OK), 감사 또는 완료와 같은 한 단어만 회신해도 된다.

3 다른 의견 없이 이메일을 전달하는 경우에는 참고할 수 있도록 제목에 FYI(참고; for your information), FYA(조치요망; for your action) 또는 FYJ(판단요망; for your judgment)를 추가한다. 외부의 요청 사항에 FYJ를 붙여 전달하면 전달받은 사람이 후속 조치를 취해야 할지 여부를 결정한다.

4 이메일은 비동기식이다. 만약 당신의 상사가 당신에게 주말에 이메일을 보낸다면, 주중에 답장을 하는 것이 좋다.

5 긴급하거나 긴급해 보이는 이메일이라면 그 주제와 연관된 채팅방에서 관련된 사람들에게 알릴 수 있다.

출처
'시작하는 기업이 꼭 갖춰야 할, 업무 매뉴얼 만들기' by 최정원
brunch.co.kr/@choej1/2

'GitLab Communication' 중에서, 깃랩 핸드북 홈페이지
about.gitlab.com/handbook/communication/#email

삼분의 일은 '더 많은 사람들에게 하루의 삼분의 일, 완벽한 수면의 시간을 제공하자'는 미션으로 설립된 한국 스타트업이다. 2017년 7월에 첫 제품인 폴리우레탄 폼 매트리스를 출시한 후 7개월 만에 매출액이 50배 이상 증가했다.[38] 창업 초기에 발생할 수 있는 내부 문제(구성원 간의 불화 등)를 해결하기 위해 "아무리 좋은 도구라도 직원들이 같은 목적으로 사용하지 않으면 의미가 없다"면서 가능한한 상세하게 업무 매뉴얼을 만들었다고 한다.

깃랩은 2017년 10월 기준 총 4,550만 달러의 투자를 유치했으며 나사NASA, 아이비엠IBM, 스페이스엑스SpaceX, 알리바바Alibaba 등 10만 곳을 고객으로 두고 있다. 특히 2018년 4월 기준 276명의 구성원이 모두 원격근무를 하며, 37개국에서 거주하고 있는 점이 흥미롭다.[39] 회사를 운영하는 방법에 대해 소개하는 '팀 핸드북Team Handbook'문서를 공개해 화제가 되었는데, A4용지 1000페이지를 넘는 분량이다. 모든 구성원이 원격근무를 하는 만큼 커뮤니케이션 가이드를 자세히 적었다. 내부 커뮤니케이션에 대한 내용을 아래 붙인다.

"채팅 대신 이메일을 사용하려면 채팅 시 사용하는 것과 마찬가지로 짧은 메시지만 포함해 메일을 보낸다. 인사말을 생략해도 되기 때문에 시간을 절약할 수 있으며, 본문 첫 줄에 복사해 붙여넣을 수 있도록 제목을 작성한다. 퇴근 시간 전에 메일에 답장한다."

76

맞춤법
체크 노하우

———

방심하지 마라

어떤 글을 작성하든 맞춤법을 지키는 건 기본이다. 이메일을 받았는데 오타가 아닌, 명백히 맞춤법을 틀린 부분이 있다면 이메일 내용과 상대방에 대한 신뢰가 추락한다. 일상적인 이메일이라면 그냥 넘어갈 수도 있지만, 정말 중요한 이메일이라면 맞춤법 검사는 필수다. 이메일 앱 부메랑이 25만 개가 넘는 이메일 제목을 조사한 바에 따르면, 제목에서 문법 오류가 발견됐을 때, 그렇지 않을 때보다 평균 응답률이 14% 감소했다.

한국어 맞춤법 · 문법 검사기speller.cs.pusan.ac.kr를 사용해보자. 작성한 이메일을 발송하기 전에 본문을 전체 복사한 후 검사 창에 붙여 넣기 하면 된다.

네이버 검색창에서 '맞춤법 검사기'라고 입력하면 네이버의 맞춤법 검사기를 사용할 수 있고, 다음 사전에서도 맞춤법 검사를 지원한다. 이것들과 부산대학교의 한국어 맞춤법·문법 검사기가 다른 점은 그 이름에서 드러나듯이 '문법'도 검사할 수 있다는 것이다. 남북한이 4.27 정상회담에서 발표한 '판문점 선언문' 일부를 검사해보면 그 차이를 알 수 있다. 아래 문장에 대한 검사 결과를 비교해 봤다.

> "남과 북은 정전협정체결 65년이 되는 올해에
> 종전을 선언하고 정전협정을 평화협정으로
> 전환하며 항구적이고 공고한 평화체제 구축을
> 위한 남·북·미 3자 또는 남·북·미·중
> 4자회담 개최를 적극 추진해 나가기로 하였다."

'판문점 선언문' 일부. 맞춤법 검사기를 비교할 때 적용한 구절이다.

네이버와 다음의 맞춤법 검사기는 공통적으로 '정전협정체결'을 '정전협정 체결'로, '4자회담'을 '4자 회담'으로 띄어 쓰기하라고 지적했다. 그러나 부산대학교 검사기는 이 두 가지를 지적하지 않은 대신, '적극 추진해'를 '적극적으로 추진해'로 수정하라고 지적했다. "'적극'은 명사로 용언을 수식할 수 없습니다. 따라서 '적극적' '적극적으로' '적극적인' 등으로 써야 합니다"라는 이유를 들었다. 부산대학교 검사기를 사용하면 이렇게 문법에 대한 조언까지 얻을 수 있다.

맥을 사용한다면 한국어 맞춤법·문법검사기 앱 체커Checkor를 설치해 단축키로 맞춤법 검사를 해볼 수 있다. 아이폰 앱도 있으니 앱스토어에서 '우리말 맞춤법 검사기'라고 검색해 설치하자.

이메일을 작성하다 애매모호한 단어가 있다면 사전을 찾아보는 습관을 갖자. 네이버 사전이나 다음 사전을 이용하면 된다. 용량은 크지만 인터넷 연결 없이도 쓸 수 있는 아이폰 앱 '더 좋은 국어사전'도 있다. 급하게 스마트폰으로 이메일을 작성하느라 맞춤법 검사기를 돌리기도, 사전을 찾아보기도 힘들 때가 있을 테다. 그럴 때는 서명 위에 모바일로 작성했다는 메시지를 남기자.

네이버와 다음 맞춤법 검사기를 돌린 결과

> 남과 북은 정전협정 체결 65년이 되는 올해에
> 종전을 선언하고 정전협정을 평화협정으로 전환
> 하며 항구적이고 공고한 평화체제 구축을 위한
> 남 · 북 · 미 3자 또는 남 · 북 · 미 · 중 4자 회담
> 개최를 적극 추진해 나가기로 하였다.

한국어 맞춤법·문법 검사기를 돌린 결과

> 남과 북은 정전협정체결 65년이 되는 올해에
> 종전을 선언하고 정전협정을 평화협정으로 전환
> 하며 항구적이고 공고한 평화체제 구축을 위한
> 남 · 북 · 미 3자 또는 남 · 북 · 미 · 중 4자회담
> 개최를 적극<mark>적으로</mark> 추진해 나가기로 하였다.

└ '적극'은 명사로 용언을 수식할 수 없습니다.
  따라서 '적극적' '적극적으로' '적극적인'
  등으로 써야 합니다.

칼퇴를 부르는
이메일 작성법

어렵다고 여기면 시간만 더 걸릴 뿐. 이메일 때문에 퇴근이 늦어지는 일을 피하려면 일단 이메일에 대한 심적 부담을 덜어내야 합니다. 아는 것이 힘! 심적 부담과 업무 시간을 덜 수 있도록 이메일을 효율적으로 작성하는 방법을 공유합니다.

77

어떻게 하면
이메일을 빨리, 잘
쓸 수 있을까요?

———

세트로 속도를 올려라

내용을 간결하게 정리하다 보면 시간이 많이 걸리는데, 어떻게 하면 이메일 작성 시간을 단축할 수 있을까? 중요한 내용을 정리하는 데 걸리는 시간은 어쩔 수 없다. 다만 본문 외 시간을 최소화할 수 있는 요소를 미리 만들어놓자. 인사말과 맺음말은 몇 가지 세트를 만들어두고 복사해 사용하거나, 아예 이메일 서명에 포함하고 필요한 부분만 사용하는 방법도 있다.

안녕하세요, 슬로워크 조성도입니다.
고맙습니다. 좋은 하루 보내세요.
조성도 드림

———

슬로워크 COO 조성도
010-0000-0000
slowalk.co.kr

이메일 서명에 인사말과 맺음말 세트를 포함하는 방법

본문을 작성하는 데 시간이 많이 걸린다면, 3분에서 5분 정도 제한 시간을 짧게 정해 이메일을 작성하는 훈련을 하자. 이메일을 작성하기 전에 머릿속으로 내용을 구상했다면, 실제로 작성하는 시간을 오래 끌 필요가 없다. 3분을 소비하든 30분을 소비하든 결과물에 큰 차이가 없고, 시간을 끌수록 머릿속만 복잡해진다. 내용 구상을 미리 해두고 빠르게 작성하는 과정을 지속적으로 연습하자. 급하게 작성하는 게 아니라 빠르게 작성하는 게 핵심이다. 이메일을 작성한 후에는 '발송 전, 이메일 체크리스트 8'을 확인하자. 자주 실수하는 부분을 파악하고 훈련이 거듭될수록 속도가 올라가고 실수는 줄어들 것이다.

이메일을 작성할 때
시간을 지체하는 쓸데없는 생각 5

☐ 제목을 어떻게 작성해야 호기심을 자극할까?

☐ 예의 바르게 인사말을 길게 작성하면 어떨까?

☐ 요청할 때 기한을 정해놓으면 부담을 가지지
않을까?

☐ 이왕 메일을 보내는 김에 제품 홍보도 같이 해
보면 어떨까?

☐ 맺음말은 어떻게 써야 재치 있을까?

78

두서없이 내용만 긴 이메일을 받았을 때 어떻게 대처할까요?

———

당당하게 요구하라

조리 있게 글 쓰는 훈련이 되어 있지 않은 사람은 두서없는 장문의 이메일을 투척해 여러 사람에게 고통을 주곤 한다. 이럴 때 어떻게 대처하는 게 좋을까? 그 사람에게 동료로서 기본적인 예의를 갖춘다는 전제 아래, 이렇게 해보는 것을 제안한다. 물론 약간의 시간과 에너지를 투자해야 한다.

일단 답장을 보낸다. "여러 주제가 들어 있어 제대로 답을 하려면 시간이 걸릴 것 같네요. (언제까지) 다시 답장드리겠습니다." 그리고 받은 이메일의 내용을 분석해 몇 개의 주제로 이루어져 있는지 확인한다. 각각의 주제를 파악하고, 그것들을 각각의 스레드로 나눈다. 즉 하나의 이메일에서 세 가지 주제를 다룬다면, 세 개의 스레드로 나눠 이메일을 다시 보낸다. 답장이라기보다 새로 작성한다고 생각하면 편하다. 이렇게 했는데도 계속해서 하나의 스레드에서 여러 주제에 대한 답장이 온다면, 그 사실을 명확히 지적하고 '이 주제에 대해서는 아까 보낸 (제목) 스레드에 답장해주세요' 라고 요구한다.

어떤 동료를 두서없는 장문의 이메일을 보내는 사람이라고 인지했다면, 다음부터는 먼저 선제적으로 이메일을 보낸다. 이메일 내용은 간단해도 된다. 주제에 맞춰 스레드를 나누는 것이 목적이기 때문이다. '(어떤) 주제에 대해 의견이 있다고 들었는데, 이 메일에 답장으로 알려주세요.' 좀 피곤하지만 이런 식의 훈련을 거치면 상대방도 내가 이끄는 방향으로 따라온다. 물론 예외는 있다. 그럴 때는 상급자와 상의해 문제가 있는 사람에게 공식적으로 요청하는 방법도 있고 조직 내 이메일 가이드라인을 마련해두면 이렇게 불필요한 혼란을 방지할 수 있다. 목차 73에서 '이메일 체크리스트'를 접한 당신이 초안을 작성한 후, 동료들과 공유해 완성도를 높이길 바란다. 비즈니스 이메일이 익숙하지 않은 신입사원에게도 조직 내 이메일 가이드는 든든한 팁이 될 것!

79

무례한 사람을
이메일로 대처할 수
있을까요?

이메일은 말보다 강하다

무례한 이메일에 세련되게 대처하기는 쉽지 않다. 왜 굳이 세련되게 대처해야 하는지 의문이 생기기도 한다.

이것은 사적인 대화가 아니다. 업무상의 커뮤니케이션이고, 무례함을 이기는 것은 더 큰 무례함이 아니라 친절함임을 잊지 말자. 바로 답장하는 것은 금물이다. 일단 흥분을 가라앉히고 차분하게 생각하자. 급박한 상황이 아니라면 하루 정도 지나 답장을 하는 것도 방법이다.

일단 보낸 사람이 요청한 사항에 대한 답변을 하고, 어떤 문구에 대해 무례하다는 생각이 들었으니 다음부터는 주의해달라고 정중하게 전달하자. 악의를 가진 사람이 아니라면 모르고 한 행동일 가능성이 높기 때문이다.

물론 세련되게 대처할 수 있는 무례함에도 정도가 있다. 성희롱을 했다거나, 그 밖에 나 또는 우리 조직의 자존감에 엄청난 상처를 입혔다면 가만히 있으면 안 된다. 이럴 때는 사내 규정에 따라 신고하고 그 절차를 따르는 게 좋다.

무례한 메일을 받아 기분이 나쁘다고 바로 휴지통에 버려서는 절대 안 된다. 받은편지함에 계속 남아 있는 것이 스트레스라면 나중에 찾아보기 쉽도록 별표나 플래그 표시를 해두고, '보관처리' 해두자. 신고 등의 목적으로 다른 사람에게 전달할 때는 가능하면 수정을 하지 말고 그대로 전달하자. 마음에 걸리는 부분이 있어 수정하면 나중에 가해자가 조작을 주장하는 빌미를 줄 수 있으니 주의하자.

대부분의 경우에는 메일이 서버에 남아 있으면 안전하지만 가해자와 회사의 유착 관계가 의심되고, 이메일 서버를 회사에서 직접 관리하는 경우에는 안심할 수 없다. 이럴 때는 이미지로 캡처하지 말고 개인 계정으로 전달forwarding해놓자. 메시지 유실이 우려된다면 아웃룩에서 저장해 따로 보관해두는 것도 좋다. 아웃룩에서 메일을 저장하면 eml 파일이 생성된다. eml 파일에는 발신자, 수신자, 메시지 ID, 날짜 정보 등의 메타데이터와 이메일 제목, 본문, 첨부파일이 모두 포함되어 있기 때문에 디지털 포렌식digital forensics[40]에도 활용할 수 있다.

80

부하 직원에게
편하게 말해도
될까요?

반말하지 마!

이메일은 회사의 공식적인 문서의 하나라고 생각하자. 아무리 일대일로 주고받는 이메일이라고 하더라도 언제든 다른 사람에게 전달되거나, 답장을 보내며 참조에 다른 사람이 추가될 가능성이 크다. 그렇다고 모든 이메일을 격식을 갖춰 쓰라는 얘기가 아니다. 혐오 발언hate speech 등 이메일을 받는 상대방 또는 다른 사람을 폄하하거나 차별하는 표현을 쓰지 말라는 것이다. 꼭 후배가 아니더라도, 조직 내에서 관계가 편한 사람과 일대일로 주고받는 이메일에서 딱딱한 표현을 고집할 필요는 없다. 그렇다고 반말을 사용하는 것은 또 다른 문제다. 언니, 누나, 오빠, 형, 동생 관계라 하더라도 비즈니스 이메일은 공적인 관계에서의 커뮤니케이션임을 명심하자.

워라밸과 이메일

실시간으로 답을 하지 않아도 되고, 여러 부가 기능을 이용
할 수 이메일의 특성을 잘 활용하면 워라밸 Work & Life Balance
을 유지하는 데 이보다 도움이 되는 수단도 없습니다.

81

메신저보다
이메일

———

공과 사를 구별하자

많은 사람이 카카오톡을 업무에 사용하고 있다. 심지어 네이버에서도 원래는 사내에서 PC에 카카오톡을 설치하지 못하게 막았는데, 직원과 외부 파트너의 원활한 커뮤니케이션을 돕기 위해 설치와 사용을 허용했다고 한다.[41] 기업 내 IT에 대한 이야기를 나누는 온라인 커뮤니티인 셰어드아이티SharedIT에는 '카카오톡 업무상 필요하다며 회사에서 사용 허용을 요청한다면…'이라는 글이 올라와 있는데,[42] 그에 달린 댓글을 보면 많은 기업이 사내 메신저를 사용하고 있고, 또 외부와의 커뮤니케이션을 위해 카카오톡도 사용하고 있는 것을 알 수 있다.

업무에 메신저를 사용하는 것은 크게 카카오톡, 라인, 텔레그램 등 범용 메신저 사용과 슬랙, 잔

디 등 업무용 메신저 사용으로 나눌 수 있다. 업무용 메신저의 대표 격인 슬랙은 정해진 시간 동안 메시지에 대한 알림을 표시하지 않는 스누즈 기능, 휴가 중인지 원격근무 중인지 등 현재의 상태를 표시할 수 있는 스테이터스Status 기능, 이메일과 같이 주제별로 메시지를 묶을 수 있는 스레드 기능 등을 추가하며 더 효율적인 커뮤니케이션과 워라밸에 도움이 되도록 노력하고 있다. 카카오톡에 이런 기능을 기대하긴 어렵다. 모두가 사용하는 범용 메신저이고, 원래부터 사적인 커뮤니케이션을 위한 용도로 설계되었기 때문이다.

카카오에서도 카카오톡에 업무에 유용한 기능을 추가할 생각은 별로 없어 보인다. 카카오 여민수 공동대표는 "카카오톡을 생활형 플랫폼으로 깊

게 자리매김하고 싶다"는 의지를 보인다. 여기서 '생활형 플랫폼'이란 카카오톡으로 주민등록등본이나 가족관계증명서를 떼고, 유치원 알림장이 카카오톡으로 오는 것[43]이라고 한다.

카카오톡의 이런 성격 때문에, 카카오톡을 업무에 사용하는 순간 사적 영역과 공적 영역의 분리가 불가능해지고, 워라밸은 물 건너간다. 정확한 업무 수행과 기록을 위해 의견을 이메일로 보내달라고 요청해도 굳이 카카오톡으로 연락하는 고객 때문에 곤란한 슬로워크 동료들이 있다. 물론 이메일로 전달하는 것보다 카카오톡으로 바로 메시지를 주고받는 것이 간편한 경우도 있지만 상대방을 고려하지 않고 스스로에게 편한 방식만 고집하는 것도 일종의 갑질이 될 수 있다는 것을 명심하

자. 회사 동료는 물론 거래처 직원들에게 '카톡 갑질'을 하지 않도록 주의하자.

이전 목차에서 카카오톡과 이메일을 비교해봤다. 카카오톡은 기본적으로 실시간 커뮤니케이션 수단이기 때문에 대화하듯 메시지를 주고받는 것이 가장 큰 단점이다.

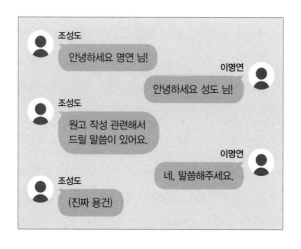

이처럼 진짜 용건을 말하기까지 대화를 네 번 주고받았는데, 이 과정에서 알림을 여러 번 받아 업무 흐름이 끊기고, 상대의 대답을 기다리며 지체하기 때문에 그만큼 시간이 걸린다. 무엇보다 대화를 시작한 나는 메시지를 보내고 싶을 때 보낸 것이지만, 상대방은 읽고 싶을 때 읽은 게 아니다. 이메일을 사용하면 한 번의 알림으로 해결되며, 내가 보내고 싶을 때 보내고 상대도 읽고 싶을 때 읽으면 된다.

전 스마트스터디 CEO 박현우 님에 따르면 "뭔가 급하게 부탁하는 사람에게 내용을 이메일로 보내달라고 하면 서로에게 도움이 된다"고 한다.[44] ❶ 요청하는 쪽은 글로 적다 보면 본인이 뭘 원하는지 구체화할 수 있고, ❷ 듣는 쪽은 내용을 좀 더 자신의 상황에 맞게 잘 대응해 실질적인 도움을 줄 수 있기 때문이다. 그리고 무엇보다 진짜 뭔가 필요했던 사람은 이메일을 언젠가 반드시 보낸다. 사실 별로 생각은 없었지만 마음만 급했던 사람은 메일을 보내지 않는다.

그 밖에 기록 보존, 검색 용이성, 스레드 지원 등 카카오톡보다 이메일을 업무에 사용했을 때 얻을 수 있는 장점이 상당하다. 시간을 절약하고 스트레스를 줄여준다. 고용노동부에서 "카톡으로 많은 직장인이 퇴근 후 집에서 회사 업무를 처리하느라 고충을 겪고 있다"면서 카카오톡에 예약 기능 추가를 요청했는데[45] 고용노동부는 카카오톡 대신 이메일 사용을 장려하면 될 일이다.

누구에게나 이메일이 카카오톡이나 다른 메신저 서비스보다 편리할 수는 없다. 이메일에 접속하는 게 카카오톡에 접속하는 것보다 장벽이 높게 느껴질 수도 있다. 하지만 이는 공과 사를 분리하는 데 필요한 경계가 아닐까? 메신저가 보다 손쉽고, 직관적이고, 실시간으로 소통할 수 있다고 여기는 이유는 일을 할 때 1순위로 사용하는 도구가 이메일이 아니기 때문이다. 이메일도 얼마든지 실시간으로 대화할 수 있고, 직관적이며 손쉽다. 게다가 공적 영역과 사적 영역을 분리하는 데 용이하고, 정제된 언어로 소통할 수 있다.

82

이메일 바캉스

궁금해도 꾹 참기

휴가 가기 전, 이메일 환경설정에 들어가 부재 중 자동응답을 설정하자. 내가 휴가 중임을 나에게 이메일을 보내는 사람들에게 알릴 필요가 있기 때문이다. 이것은 나에게 도착하는 이메일에 자동으로 답장을 보내주는 기능이다. 시작일과 종료일을 설정하고, 제목에는 언제까지 어떤 사유로 부재중인지 간단히 적자. 본문에는 업무 복귀 예정일을 명시하고, 휴가 기간 동안에 나를 대신할 동료를 소개하자. 이 기능을 설정해놓으면 내가 '받는사람'에 들어 있을 때는 물론, '참조'와 '숨은참조'에 들어 있을 때도 발신자가 부재중 자동응답 메시지를 받는다.

내가 어떤 이메일 스레드에 참조로 속해 있을 경우, 그 스레드에서 이메일을 주고받는 사람들이 너무 많은 부재중 자동응답 메시지를 받지 않을까 걱정이 되는가? 지메일은 한 발신자에게서 여러 개의 이메일을 받을 경우 4일에 한 번만 자동응답 메시지를 발송한다. 따라서 걱정하지 않아도 된다. 1년 중에 연속 4일 이상의 휴가가 몇 번이나 되겠는가? 동료와 업무상 파트너들이 그 정도는 이해해줄 것이다.

휴가 첫날, 정말 궁금해도 꾹 참는 훈련이 필요하다. 습관적으로 이메일을 확인하다 보면 온전한 휴식을 취할 수 없다. 그러려면 스마트폰의 이메일 앱에서 과감하게 푸시 알림을 해제하자. 부재중 자동응답 메시지를 설정해두었기 때문에 사람들은 내가 휴가 중이라는 사실을 안다. 따라서 정말로 내 의견이 당장 필요한 급한 일이라면 이메일을 보내는 게 아니라 전화를 할 것이다.

휴가 중 이메일 스트레스에 대한 좀 더 적극적인 해결 방법도 있다. 나의 이메일을 통째로 동료에게 위임하는 것이다. 지메일에서는 '메일 위임 설정' 기능을 사용해 대리인을 25명까지 추가할 수 있다.[46] 〔환경설정〕 - 〔계정 및 가져오기〕 - 〔계정 사용권한을 부여할 사용자 목록〕 - '다른 계정 추가'를 눌러 대리인을 지정하면 된다. 지정된 사람에게는 확인을 요청하는 이메일이 발송되고, 수락을 누르면 대리인으로 활동할 수 있다. 대리인은 나의 받은 편지함에 들어와 나에게 온 이메일을 읽을 수 있고, 이메일을 보내거나 답장을 할 수도 있다.

대리인이 이메일을 보낼 때는 보낸 사람에 대리인의 주소가 표시되어 나 몰래 내 행세를 할까 걱정하지 않아도 된다. 이것은 휴가 중에 이메일 걱정을 전혀 하지 않아도 되는 완벽한 방법이다. 물론 대리인이 나에게 권한을 위임받아야 하고, 그 정도로 믿을 수 있는 사람이어야 한다.

내 받은편지함을 다른 사람에게 완전히 공개하는 게 부담스럽다면 단순히 '전달' 기능만 사용해도 된다. 지메일 환경설정에서 '전달' 탭에 들어간 후 '전달' 주소를 추가하면 된다. '전달' 기능을 작동한 순간부터 나에게 도착한 모든 이메일이 '전달' 주소로 자동 전달된다. 특정 발신자에게 온 이메일만 전달한다든가, 제목에 특정 단어가 포함된 이메일만 전달하는 등 필터를 만들어 일부 이메일만 전달하는 것도 가능하다. 내가 A 프로젝트의 PM이라고 가정하자. 이번 프로젝트와 관련된 모든 이메일 제목에 '[A]'라는 말머리를 사용하기로 사전에 약속했다면, 〔환경설정〕 - 〔필터 및 차단된 주소〕 - 〔새 필터 만들기〕 - '제목'에 '〔A〕'를 추가하고 '이 검색 기준으로 필터 만들기'를 누른 다음, '다음 주소로 전달'에 체크하고 '주소 선택'을 눌러서 '전달' 주소에 추가한 다른 사람의 이메일 주소를 선택한다. 이렇게 하면 A 프로젝트와 관련된 모든 이메일을 자동으로 다른 사람(휴가 기간 동안 나를 대신해 PM 업무를 수행할 사람)에게 전달할 수 있다.

83

부재중
자동응답

———

부재중이 아닐 때도
요긴한 해결책

부재중 자동응답 기능의 좋은 점은 자동응답 이메일의 제목과 본문을 내 마음대로 작성할 수 있다는 것이다. 즉 부재중이 아닐 때도 다른 목적으로 사용할 수 있다. 그럼 어떤 경우에 부재중 자동응답 기능을 다른 목적으로 사용할 수 있을까?

이메일이 너무 많이 와서 스트레스를 받거나 일시적인 현상이 아니라 앞으로 계속 이어질 것 같다면, 요긴한 해결책으로 사용할 수 있다. 업무 시간이 따로 정해져 있지 않은 프리랜서나 전문직이 사용해보면 도움이 될 것이다. 사회 초년생에게는 추천하지 않는다. 사회 초년생이라면 직장 동료와 함께 해결책을 논의해보는 것으로 시작해보자.

다음 쪽은 《딥 워크 – 강렬한 몰입, 최고의 성과》를 쓴 칼 뉴포트Cal Newport가 웹사이트에 공개한 '연락 방법Contact' 내용이다. 한번 읽어보자.

칼 뉴포트의 연락 방법 페이지
calnewport.com/contact

연락 방법

컴퓨터공학 교수이자 아버지로서의 제 역할을 감안할 때, 저는 글 쓰는 작업을 '딥 워크'하는 데 남은 시간을 할애하기 위해 가능한 한 노력합니다. 따라서 저는 대부분의 저자보다 연락하기가 더 어렵습니다. 저에게는 범용 이메일 주소가 없고 소셜 미디어를 사용하지 않습니다. 또한 저는 과외 활동을 피하는 경향이 있습니다.

이 미니멀리스트 접근 방식에 관하여 더 많이 알고 싶다면, 닐 스티븐슨Neal Stephenson의 에세이 '왜 내가 나쁜 사람인가 www.nealstephenson.com/why-i-am-a-bad-correspondent. html'를 참조하십시오.

여전히 저에게 연락할 수 있는 방법을 다음과 같이 안내합니다.

흥미로운 링크

제가 블로그에 대해 좋아하는 것 중 하나는, 저의 독자들이 기사, 책, 인터뷰 등에 대한 링크를 보내준다는 것입니다. 이것은 제가 글쓰기 소재를 찾는 최고의 방법입니다.
interesting@calnewport.com으로 계속 보내주십시오.
참고: 이 조언들에 대해 정말 감사하게 생각합니다.
하지만 시간적인 제약으로 보통 답장을 보내드리지 못합니다.

인터뷰 요청

라디오, 인쇄물 및 팟캐스트 인터뷰를 비롯한 미디어 관련 문의는 저의 홍보 대리인(CalNewport@penguinrandomhouse.com)에게 직접 요청할 수 있습니다.

강연 문의

대리인: Wesley Neff, The Leigh Bureau
참고: 저는 현재 다음 책을 집필하는 데 집중하기 위해 당분간 강연을 하지 않습니다.
강연을 다시 시작하면 이 페이지를 업데이트하겠습니다.

저작권 문의

대리인: Laurie Abkemeier, DeFiore and Company
laurie@defliterary.com
212-925-7744 x110

칼 뉴포트는 조지타운대학교 컴퓨터공학과 교수이자 세계적인 베스트셀러 작가이기 때문에 대부분의 사람들이 웹사이트를 통해 이메일 주소를 찾고 연락을 한다. 그래서 쏟아지는 이메일로 인한 스트레스를 관리하기 위해 다음과 같은 메시지를 적어놓았다. 인터뷰 요청은 본인이 아니라 홍보 대리인에게 하고, 강연 문의도 강연 대리인에게 하고, 저작권 문의도 저작권 대리인에게 하라는 것이다. 그리고 본인에게 흥미로운 링크를 보낼 수 있는 이메일 주소를 공개했지만, 이것도 답장을 모두 하지 못하는 것을 이해해달라는 것이다. 여러분도 각각의 업무마다 대신 처리해줄 사람이 있다면 이렇게 할 수 있다. 그렇지만 모두가 칼 뉴포트 같은 능력자는 아니기 때문에, 428쪽에 기재한 '조성도 연락 가이드'와 같이 부재중 자동응답 설정을 하는 현실적인 방법을 고려해보자.

칼 뉴포트가 본인의 웹사이트에서 사용한 방식을 '발신자 필터'라고 한다. 이메일을 보내기 전에 스스로 내용을 거르도록 요청하기 때문이다. 저자가 제시하는 방식은 일단 이메일을 보낸 다음에 이루어지기 때문에 구현 방식은 다르지만 기대하는 효과는 동일하다. 이 방식에 대해 우려하는 분들이 있다면 칼 뉴포트의 소감을 읽어보자.

"발신자 필터 방식을 처음 시도할 때는 내 시간이 독자들의 시간보다 중요하다고 잘난 척하는 것처럼 비칠까 봐, 그리고 사람들이 화낼까 봐 걱정했다. 그러나 걱정하던 일은 벌어지지 않았다. 대부분의 사람은 수신하는 이메일을 통제할 권리가 있다는 생각을 쉽게 받아들였다. 자신도 같은 권리를 바라기 때문이었다. 더욱 중요한 사실은 사람들이 명확성을 중시한다는 것이다. 애초에 기대하지 않으면 사람들은 답신을 받지 못해도 신경 쓰지 않는다."[47]

조성도 연락 가이드

안녕하세요. 슬로워크 COO이자 《일잘러를 위한 이메일 가이드 101》의 저자인 조성도입니다. 저에게 이메일을 보내주셔서 감사합니다.

저와 슬로워크를 믿고 프로젝트를 의뢰해주시는 분들에게는 늘 감사한 마음입니다. 최근에 저는 슬로워크의 아이덴티티(미션, 비전, 핵심가치)를 가장 잘 발휘할 수 있는 운영 시스템을 동료들과 함께 만들어나가는 작업에 집중하고 있습니다. 운영 시스템이 어느 정도 구축되면 여러분에게도 소개할 기회가 있을 것입니다. 유례를 찾기 힘든 새로운 시스템이기에 기대해주셔도 좋습니다. 프로젝트를 의뢰해주시는 경우, 각각의 전문 분야에서 저보다 더 뛰어난 동료들을 소개해드리게 됨을 이해해주시리라 믿습니다. 실제로 저와 작업하시는 것보다 더 만족스러운 경험이 될 것입니다. 일반적으로 1~2일 안에 담당자가 연락드릴 수 있도록 하겠습니다.

슬로워크와의 사업 제휴 제안이나 슬로워크에 대한 취재 요청을 하신다면 제가 직접 연락드릴 가능성이 높습니다. 하지만 이 경우에도 즉각 회신을 드리기 어려운 점을 이해해주시기 바랍니다.

외부 강연은 월 1~2회만 수락하고 있습니다. 제 본업인 슬로워크 COO 업무에 집중하기 위해서입니다. 그래서 강연 요청을 주시더라도 모두 수락할 수 없는 점을 양해해주시기 바랍니다.

저에게 이메일을 보내주신 점에 다시 한번 감사를 표하며, 조성도 드림.

84

딥 워크와
이메일

———

스트레스 안 받고
업무에 집중하는 법

'딥 워크Deep Work'는 '인지 능력을 한계까지 밀어붙이는 완전한 집중의 상태에서 수행하는 직업 활동'[48]을 뜻한다. 앞에서 소개한 칼 뉴포트가 만든 용어이고, 동명의 베스트셀러가 있다. 이렇게 완전한 집중의 상태를 만드는 데 각종 네트워크 도구가 방해되는 것은 당연하다. PC와 스마트폰에서 쉴 새 없이 알림이 울리고, 거기에는 이메일도 한몫한다. 직장인이 하루 동안에 받는 이메일은 2014년에 평균 121통이었고, 이 수치는 해마다 증가하고 있다.[49] 그렇다면 이렇게 많은 이메일에서 벗어나 딥 워크를 할 수 있는 환경을 구축하는 방법은 무엇일까? 칼 뉴포트는 책《딥 워크 – 강렬한 몰입, 최고의 성과》에서 세 가지 방법을 제안했다.

첫 번째는 앞에서 소개한 '발신자 필터'를 사용하는 것이다. 프리랜서와 같이 본인의 웹사이트가 있다면 연락 방법 페이지에서 칼 뉴포트와 같은 방법을 사용할 수 있고, 일반적인 직장인이라면 부재중 자동응답 기능을 사용할 수 있다.

《딥 워크 – 강렬한 몰입 , 최고의 성과》에서는 소개하지 않았지만, 그 개념을 응용해보면 이런 방법도 시도해볼 만하다. 이메일을 실시간으로 확인하는 것이 아니라 하루에 몇 차례 확인하는 시각을 정해두고, "저는 하루에 세 번(오전 9시, 오후 1시, 오후 5시) 이메일을 확인합니다. 운이 좋으면 바로 답장을 받을 수 있지만, 그렇지 않다면 다음 이메일 확인 시각까지 기다려주세요"와 같이 자동응답 메시지에 적어두는 것이다.

두 번째는 이메일 하나에 더 많은 일을 담는 것이다. 이메일을 작성할 때, 상대방이 이 이메일을 받고 궁금해할 만한 예상 질문까지 고려해 언급하면 서로 이메일을 주고받는 시간을 절약할 수 있다. 예를 들면 아래와 같이 이메일을 작성하면 여섯 통을 주고받게 된다. 구조가 중요하기 때문에 메시지는 최대한 단순화했다.

예시1

A 다음 주 화요일에 시간 되시나요?
B 화요일 몇 시에 말인가요?
A 오후 4시에 어떠신가요?
B 네 좋습니다. 어디에서 볼까요?
A 저희 사무실에 오실 수 있으세요?
B 네 좋습니다.

처음 보낼 때부터 제대로 작성하면, 두 통이면 충분하다.

> A 다음 주 화요일 오후 4시에 저희 사무실에서 만날 수
> 있을까요?
> B 네 좋습니다.

당연한 이야기 같지만 사안이 복잡해질수록 예
시 1처럼 주고받는 경우가 많다. 상대가 A 예시 1
처럼 이메일을 보내더라도, 내가 B 답장을 보내서
상황을 변화시킬 수 있다.

예시3

> A 다음 주 화요일에 시간 되시나요?
> B 다음 주 화요일에는 오후 2~3시, 오후 4~5시에 여유
> 가 있네요. 지난번에 저희 사무실로 찾아오셨으니 이번
> 에는 당신 사무실에서 만나면 어떨까요?
> A 그럼 다음 주 화요일 오후 4시에 저희 사무실에서 뵙죠.

예시 2보다는 이메일을 많이 주고받지만, 예시
1에 비하면 절반으로 줄어들었다.

세 번째는 답장을 보내지 않는 것이다. '정말 그
래도 되나?' 싶겠지만, 내가 이메일에 답장을 보
내도록 하는 것은 발신자의 책임이기도 하다. 요
구하는 바가 명확하지 않고, 모호하게 작성되었다
면 그 이메일에 회신하지 않는 것은 내 책임이 아
니라 이메일을 그렇게 엉터리로 작성한 발신자의
책임이다. 그런 엉터리 이메일을 이해하고 어떻게
든 답장을 보내려고 노력하는 것이 이메일로 인한
스트레스를 일으키는 주요 원인이다. 상대방은 내
키는 대로 아무렇게나 이메일을 써서 보내고, 나
는 그것에 대한 답장을 신경 써서 작성한다면 너
무 불공평하지 않은가? 답장은 답장을 부르기 때
문에 한 번의 스트레스로 끝나지 않고 계속 이어
질 것이다. 물론 직장 상사가 이메일을 보냈다면
답장을 하지 않기는 어려울 것이다.

《딥 워크 - 강렬한 몰입, 최고의 성과》 이전에도 이메일의 스트레스에서 벗어나려는 노력이 있었다. 전미 도서비평가협회의 회장을 지낸 존 프리먼John Freeman은 일찍이 《이메일의 폭정The Tyranny of E-mail》이라는 책에서 이메일로부터 삶에 대한 통제력을 되찾기 위한 10가지 조언을 제시했다.[50] 이 중에서 한두 가지라도 실천해보면 어떨까?

이메일로부터 삶에 대한 통제력을
되찾기 위한 조언 10

1 보내지 마라.

2 일과 시작 전이나 일과가 끝난 뒤에 확인하지 마라.

3 하루에 두 번만 확인하라.

4 오늘 할 일의 목록을 작성하고, 이메일 확인을
   그 목록에 포함시켜라.

5 좋은 이메일을 보내라.

6 답장을 보내기 전에 앞서 오간 이메일을 읽어라.

7 이메일로 복잡하거나 민감한 문제에 대해
   논쟁하지 마라.

8 동료들과 이메일로 일해야 한다면, 대면하라.

9 이메일 말고 다른 일을 할 수 있도록 책상을 배치하라.

10 미디어를 사용하지 않는 시간을 매일 확보하라.

85

워라밸을
위한 앱

———

퇴근 후엔 포즈

부메랑 앱에서 제공하는 인박스 포즈Inbox Pause 기능은 워라밸을 유지하는 데 효과적이다. 언제든 받은편지함에서 포즈Pause를 누를 수 있다. 포즈를 켜면 이메일이 받은편지함을 건너뛰고 따로 라벨링된다. 동시에 "지금은 이메일을 확인할 수 없으니 급하면 다른 방식으로 연락을 달라"는 답장이 자동으로 발송 된다. 포즈를 켜 놓았더라도 이메일이 받은편지함에 도달할 수 있는 예외를 지정해 둘 수 있다. 특정인이 보낸 이메일이거나, 특정 주소로 보낸 이메일이거나, 특정 도메인 이름에서 발송된 이메일이거나, 특정 단어를 포함한 이메일을 지정해두면 된다. 몇 시간 후에 포즈기능이 해제되도록 설정할 수도 있다. 또 이메일이 도착하면 미리 지정한 시각에 이메일을 모아서 받는 것도 가능하다.

studio couch, couch

stu·di·ous /ˈstjuːdɪəs/
1 having or showing th
very careful: with ~ po
stu·di·ous·ly adv
study¹ /ˈstʌdɪ/ n (pl -
tion of time and thou
of, close examinatio
books: *fond of* ~. M
something that at
which is (to be) inv
room used for rea
find Mr Green in t
for practice or e
played as a techni
study² /ˈstʌdɪ/

이메일
덕후 사전

트위터에 '이메일긱스#emailgeeks'라는 해시태그를 쓰는 사람들이 있습니다. 다음부터 이어지는 내용에 흥미를 느낀 다면 당신도 이메일 덕후가 될 확률이 높습니다.

86

레이 톰린슨,
이메일의 아버지

———

이메일을 발명하고
'@' 기호를 이메일 지도에
넣어주셔서 고맙습니다

'사람들이 의사소통하는 방법을 근본적으로 바꾼 사람.' 세계 인터넷 명예의 전당은 레이 톰린슨 Ray Tomlinson, (1941-2016)을 이렇게 소개한다. 레이 톰린슨은 1972년, 센드 메시지SNDMSG 프로그램을 사용해 최초로 네트워크에 연결된 두 컴퓨터 간에 이메일을 전송했다. 그가 이메일을 전송한 네트워크는 미국 국방부가 개발한 인터넷의 모체인 아파넷ARPANET이며, 그도 아파넷 개발에 참여했다.

우리가 현재 이메일 주소를 구성할 때 사용하는, 골뱅이라 부르는 '@앳,at' 기호 역시 레이 톰린슨이 처음으로 이메일 주소에 사용했다. 우리가 사용하는 키보드(QWERTY 자판)에서는 숫자 2 위에 '@' 기호가 적혀 있는데 레이 톰린슨이 이메일 주소에 기호를 사용한 당시에는 영자 P 위에

'@' 기호가 있었다. 그때만 해도 '@' 기호는 사용 빈도가 적어 키보드에서 아예 없애는 논의도 진행했다고 한다.[51] 레이 톰린슨은 일부러 사람들이 잘 쓰지 않는 기호를 찾았고, 그것이 '@'였다.[52]

이메일 주소에 사용한 덕분에 '@'기호는 화려하게 부활해 현재는 소셜 미디어에서 멘션 용도로도 사용되고 있다. 레이 톰린슨은 이런 공로를 인정받아 2001년에 인터넷 명예의 전당에 헌정되었다. MIT가 꼽은 혁신가 150명에 선정되기도 했다.[53] 2016년 3월 5일, 레이 톰린슨이 사망하자 지메일은 '레이 톰린슨, 이메일을 발명하고 '@'기호를 이메일 지도에 넣어주셔서 고맙습니다'라는 트윗을 적었다.[54]

톰린슨은 이메일 중간에 '@' 기호를 사용한 이유에 대해 "사용자 이름과 호스트 이름 사이에 왜 '@' 기호를 넣었는지 자주 질문을 받는데 그냥 의미가 잘 통할 것으로 생각했다. 로컬이 아니라 다른 호스트에 있다는 뜻으로 사용했다"고 설명했다. 2007년 컴퓨터월드 인터뷰에서는 "키보드의 다양한 구두점 기호 중 @ 기호만이 '공간감'을 표현한다. 'On'이나 'Of' 기호도 생각했지만 키보드에는 이런 문자가 없었다"고 말했다.

87

골뱅이@의
진짜 이름

———

독일에서는 거미원숭이,
핀란드에서는 고양이 꼬리

영어로는 애스퍼란드asperand, 앳 사인at sign 등으로 부르며 흔히 앳at이라고 읽는다. 이메일 주소 표기에 사용되기 전에는 회계 용어로 사용되었고, 1885년 최초의 타자기인 언더우드Underwood 타자기의 자판에 포함되었다.

독특한 모양 때문에 한국에서는 흔히 골뱅이라고 부르는데, 한국에서만 일어나는 현상은 아니다. 네덜란드에서는 원숭이 꼬리, 노르웨이에서는 돼지 꼬리, 덴마크에서는 코끼리 코, 독일에서는 거미원숭이, 러시아에서는 작은 개, 불가리아에서는 원숭이, 이탈리아에서는 지렁이, 타이완에서는 작은 쥐, 체코에서는 청어절임, 핀란드에서는 고양이 꼬리, 헝가리에서는 벌레, 말레이시아에서는 사자라고 부르는 등 나라마다 정말 다양하게 부른다.[55]

2010년에는 뉴욕의 현대미술관MoMA에서 다음과 같은 이유를 들어 디자인 컬렉션에 이 기호를 추가했다.

"레이 톰린슨이 '@' 기호를 이메일 주소에 사용함으로써 이메일을 보내기 위해 키보드를 재설계하거나 오래된 키보드를 폐기할 필요가 없어졌다. 톰린슨은 '@' 기호에 그 기원과 일치하는 완전히 새로운 기능을 부여했다. (중략) 톰린슨은 '@' 기호의 의미와 기능을 영원히 바꾸어놓았을 뿐만 아니라, 다른 사람들과의 관계와 소통에서 현대인의 중요한 정체성이 된 강력한 디자인을 수행했다. 디자이너로서 그의 (의도하지 않은) 역할은 MoMA의 컬렉션으로 인정되고 축하받아야 한다."[56]

조성도 저자는 자신이 사용하는 노트북에
뉴욕 현대미술관에서 판매하는 골뱅이 스티커를
붙여놓았다. 진정한 이메일 덕후답다.

이메일 덕후 사전

88

이메일의
어원

———

'E-mail'과 'Email'

'이메일'은 '전자우편electronic mail'을 줄인 말이다. '전자우편'은 레이 톰린슨목차86의 발명 이전에도 있었는데, 역사적으로 이 용어는 전자 문서 전송을 뜻하는 데 일반적으로 사용되었다. 1970년대에 몇몇 작가들은 팩스 문서 전송을 전자우편이라고 표현했다. 전자우편은 대략 1993년을 전후해 일반적으로 'E-mail'또는 'Email'이라고 불렸다.[57]

다른 주장도 있다. 1978년에 시바 아야두라이 Shiva Ayyadurai가 'Email'이라는 용어를 만들었다는 것이다. 시바 아야두라이는 본인이 '받는사람' '참조' '첨부파일' 등으로 이루어진 현대적인 이메일을 발명했다고 주장하면서 'The Inventor of Emailwww.inventorofemail.com'이라는 웹사이트도 운영하고 있으나, 이 주장은 인정을 받지 못했다. 다만 그가 1982년에 'EMAIL'이라는 프로그램의 소프트웨어 저작권을 등록한 사실은 맞다.[58]

최근에는 'E-mail'과 'Email' 중 어떤 것이 많이 쓰일까? 구글 트렌드에서 찾아본 결과 'E-mail' 검색은 지속적으로 하락하는 반면, 'Email' 검색은 지속적으로 증가하고 있다. AP통신은 2011년에 기사 작성의 가이드가 되는 '스타일북Stylebook'에서 'E-mail'을 'Email'로 변경했다.[59]

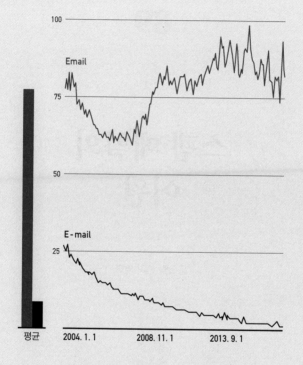

보라색이 Email, 검은색이 E-mail 검색 추이
기간: (2004. 1 – 2018. 3) / 출처: Google Trends

89

스팸 메일의
어원

———

통조림 햄이 맞다

스팸 메일spam mail은 정크메일junk mail이라고도 하며, 한국뿐 아니라 세계적으로 통용되는 용어다. 국어사전에서는 '불특정한 다수의 통신 사용자에게 일방적으로 전달되는 광고성 전자우편'이라고 정의한다.[60]

OECD의 스팸 방지 툴키트OECD Anti-Spam Toolkit(2006)에 따르면 국제적으로 합의된 스팸의 정의는 없으며, 국가별 규제 방법에 따라 다르게 정의된다고 한다. 각국의 스팸 정의에서는 공통적인 특징을 찾을 수 있는데, 그것은 전자 메시지, 숨기거나 위장한 메시지 발송처, 유효한 주소, 불법적이거나 공격적인 콘텐츠, 이용자 동의 없는 주소 사용, 대량, 반복이다. 최초의 스팸 메일은 1978년에 게리 투어크Gary Thuerk가 400명에게 보낸 컴퓨터 판매 광고였다.[61]

1970년대 영국의 〈몬티 파이선의 날아다니는 서커스Monty Python's Flying Circus〉라는 코미디 프로그램에서 당시 레스토랑 메뉴에 빠지지 않고 등장하던 스팸(돼지고기 통조림 햄)을 소재로 풍자적인 상황을 만들어냈다. 대화를 하는 중에 불필요하게 '스팸'이란 말이 수차례나 반복되면서 스팸은 정작 중요한 일은 파악하지 못하게 만드는 쓸모없는 것이라는 의미로 쓰였다.[62]

스팸이 정크메일을 지칭하는 새로운 용어가 된 것은 1980년대 중반에 몬티 파이선의 팬들이 온라인 채팅 네트워크에서 사용하면서부터라고 한다.[63]

세계에서 스팸 메일을 가장 많이 받는 사람은 누구일까? 2004년에 빌 게이츠Bill Gates가 연간

400만 건의 이메일을 받고, 그것 대부분이 스팸

메일이라고 알려졌다.[64]

90

이메일의
유효기간

———

거짓말 같았던 지메일

이메일 메시지 자체의 유효기간은 사용하는 이메일 서비스가 중단되거나 계정을 삭제하지 않는 한 제한이 없다. 그러나 이메일 서비스가 제공하는 저장 용량으로 인해 이메일을 스스로 삭제하는 경우에는 유효기간이 의미가 없어진다.

2004년 4월 1일, 마치 만우절 거짓말처럼 구글에서 1GB의 저장 용량을 제공하는 이메일 서비스, 지메일을 선보였다. 당시 웹메일 1위 서비스였던 마이크로소프트의 핫메일Hotmail이 2MB의 저장 용량을 제공하던 것에 비하면 정말 천문학적인 용량이었다.(핫메일은 지메일이 등장하자 저장 용량을 250MB로 늘리겠다고 발표했다.)[65] 이때까지만 해도 이메일 서비스에서 제공하는 저장 용량이 부족해 주기적으로 이메일을 PC에 백업하고, 서버에서는 삭제하던 것이 일상이었다. 그러는 과정에서 유실되는 이메일도 상당했다. 따라서 지메일이 등장한 이후, 비로소 이메일의 유효기간이 없어졌다고 할 수 있다.

첨부파일은 이야기가 다르다. 네이버 메일이나 다음 메일에서 '대용량 파일 첨부' 기능을 사용해 파일을 보냈다면 그 파일을 다운로드할 수 있는 유효기간이 30일이다. 물론 일반 용량 파일을 첨부했다면 유효기간에 제한이 없다.

목차 40 '대용량 첨부파일, 쉽게 보내기'에서 소개한 센드애니웨어 같은 파일 전송 서비스에서 제공하는 유효기간은 보통 7일이다. 대외비 자료라면 일부러 유효기간이 짧은 방법으로 전달하는 것도 고려해볼 수 있다. 그렇지만 대부분의 경우에는 유효기간이 길어야 나중에 메일을 다시 찾아봤을 때 의미가 있다. 회사 이메일 서버의 용량 제한으로 인해 서버에서 메시지를 삭제해야 한다면 아웃룩에서 지메일 편지함 용량이 부족하다면 'IFTTT'라는 자동화 플랫폼을 사용해 추후에 도착하는 메일의 첨부파일을 자동으로 드롭박스Dropbox, 원드라이브OneDrive, 박스Box 등 클라우드 스토리지에 저장할 수 있다.

91

이메일
무호흡증
Email apnea

———

숨 쉬세요

이메일을 확인하거나 작성할 때마다 숨을 멈추는 현상을 이메일 무호흡증이라고 한다. 조사 대상자의 80% 정도가 무의식적으로 자신의 숨을 멈추거나 숨을 얕게 쉬는 것으로 나타났다. 이메일을 확인하기 전에 갑작스럽게 긴장하거나 작성하는 데 지나치게 몰입해 생기는 현상이며, 두통과 어지럼증을 일으킬 수 있다. 장기적으로는 수면, 기억 그리고 학습에 악영향을 미칠 뿐만 아니라 불안과 우울증을 악화시킬 수 있다.[66]

왜 이메일 무호흡증이 생기는 걸까? 기대감이 크면 들숨도 커지는데, 이메일 확인과 작성은 일반적으로 큰 기대감을 가진 채로 수행하는 경우가 많다. 반면에 그렇게 커진 들숨만큼 날숨이 이어지는 경우는 드물다.[67]

92

이메일
피싱 사례

———

대기업도 낚는다

피싱phishing은 낚시fishing와 개인 정보private data 의 합성어다.[68] 온라인 신원 도용의 한 종류이며, 피싱 사기는 이메일과 웹사이트 등을 이용해 개인 정보를 훔치는 범죄다.[69]

여러 피싱 수법 중 한국에서 가장 큰 피해를 발생시킨 스피어 피싱sphere phising은 특정 기업과 거래한 적이 있는 기업이나 아는 사람을 가장해 송금 등을 요청하는 사기 수법이다.[70] 아람코프로덕트트레이닝으로부터 사들인 나프타를 가공해 석유화학 제품을 만들어온 LG화학은 2016년 4월, 아람코프로덕트트레이닝으로부터 납품대금 계좌가 변경됐다는 이메일을 받았다. 이후 LG화학은 아무 의심 없이 이메일에 명시된 계좌로 거래대금 240억 원을 송금했다. 하지만 해당 계좌는 아람

코프로덕트트레이닝과 무관하다는 사실을 뒤늦게 알아차렸다.[71] LG화학은 당시 금융거래를 담당한 영국계 은행 바클레이스가 '주의 의무'를 다하지 않았다며 민사소송을 제기했다. 추후에 LG화학은 소송을 취하했는데, 바클레이스로부터 납득할 만한 보상을 받은 것으로 알려졌다.[72]

이메일 피싱에 당하지 않으려면 석연치 않은 메일을 받았을 때, 발신자의 이메일 주소가 평소 메일을 주고받던 주소가 맞는지 확인해야 한다. 납득이 가지 않는다면 전화로 다시 확인하는 절차도 필요하다.

피싱이란?

피싱은 보통 이메일, 광고 또는 이미 사용 중인 사이트와 유사하게 생긴 사이트를 통해 이루어집니다. 예를 들어 피싱 공격자가 내게 거래 은행에서 보낸 것처럼 보이는 이메일을 보내서 내가 은행 계좌 정보를 제공하도록 속일 수 있습니다.

피싱 이메일 또는 사이트는 다음과 같은 정보를 요구할 수 있습니다.

- 사용자 이름과 비밀번호(비밀번호 변경 요청 포함)
- 주민등록번호
- 은행 계좌 번호
- PIN
- 신용카드 번호
- 어머니 이름
- 생일

출처: 피싱 이메일 예방 및 신고, Gmail 고객센터

93

이메일 데이터
분석하기

당신의 밥벌이 시사점은?

콘텐츠 퍼블리싱 플랫폼 브런치Brunch에서 개발자 최규민 님이 공개한 이메일 데이터 분석 방법을 소개한다. 이 분석을 통해 주요 업무 이슈를 파악하거나 업무 관계를 해석하는 등 여러 시사점을 뽑아낼 수 있다. 먼저 데이터 추출 도구를 사용해 아웃룩에 있는 이메일에서 보낸 사람, 받는 사람, 보낸 시각, 제목을 추출한다. 하루 평균 몇 통의 메일을 보내고 받았는지, 제목은 보통 몇 글자로 작성했는지 등을 알 수 있다.

최규민 님이 자신의 데이터를 연간으로 분석하니 입사 후 3년 차부터 메일의 양이 급속도로 늘어났고, 시간이 지날수록 보낸 메일의 수가 받은 메일의 수를 압도했다고 한다. 왜 그럴까? 관심 있는 독자는 최규민 님의 브런치(brunch.co.kr/@goodvc78/13) 글을 읽길 바란다.

94

구글
VS
네이버
VS
다음

—

차이는 스레드

어떤 이메일 서비스를 사용하는 게 가장 좋을까? 안정적이고, 저장 용량을 많이 주고, '스레드 보기' 기능을 지원하는 서비스를 사용하는 게 좋다. 하나씩 따져보자.

안정적이란 건 사용하는 이메일 주소가 쉽사리 없어지지 않는다는 걸 의미한다. 앞에 나온 대로 잘 따라 해서 기껏 제대로 된 이메일 주소를 만들었는데 갑자기 사용하지 못한다면 아무 의미가 없다. 지메일은 2017년 기준으로 전 세계에서 12억 명이 사용하고 있다.[73] 구글이 그간 리더Reader와 피카사Picasa 등 다른 서비스는 중단한 적이 있지만 12억 명이 사용하는 서비스를 중단하기는 쉽지 않다. 네이버와 다음도 가장 기본적인 서비스인 이메일을 중단하지는 않을 것으로 짐작하지만, 이메일 서비스보다 모바일 메신저 사용자가 훨씬 많기 때문에 모를 일이다.

가장 큰 저장 용량을 제공하는 서비스는 무엇일까? 2018년 5월 기준으로 지메일은 15GB의 저장 용량을 제공하며, 다음은 11GB, 네이버는 5GB를 제공하고 있다. 저장 용량이 커야 이메일의 유효기간도 길어진다. 연간 2만 원 정도 비용을 지불하면 지메일과 다음에서 충분한 용량을 사용할 수 있다. '스레드 보기'는 '대화형 보기'라고도 하는데, 이메일을 주고받을 때 대화 내용을 일목요연하게 확인할 수 있는 기능이다. 내가 보낸 이메일에 상대방이 바로 답장한다면 그 내용이 하나의 제목으로 묶인다. 이 기능이 있어야 이메일을 효율적으로 관리할 수 있고, 답장을 보낼 때마다 제목이 무한정 길어지는 'Re: Re: Re: …' 민폐를 끼치지 않는다. 웹브라우저로 접속했을 때, 지메일은 스레드 보기를 완벽하게 지원하지만 네이버 메일은 불완전하게 지원하고, 다음 메일은 아예 지원하지 않는다.

95

이메일 유료화,
가능할까?

———

온라인 우표제를 아십니까

스팸 메일을 줄이기 위한 해결책으로 나왔던 것이 바로 '이메일 유료화'다. 대량으로 이메일을 보낼 때 과금해서 스팸 메일 발송량을 줄이려는 시도였다. 2002년 4월부터 다음에서 1000통 이상 이메일을 보낼 때 발송 건당 최고 10원을 과금하는 '온라인 우표제'를 실시했다.

다음Daum이 온라인 우표제 실시 방침을 밝히자 인터넷 쇼핑몰업체 등 이메일을 대량으로 발송하던 업체들이 'e-메일자유모임'을 결성해 다음의 이메일 서비스인 한메일 거부 운동을 벌이고 공정거래위원회에 제소하는 등 강력하게 반발했다.[74] 이 당시에 웹사이트에 가입할 때 이메일 주소를 입력하는 곳에서 '한메일 주소로는 가입할 수 없습니다'라는 문구를 심심찮게 볼 수 있었다.

다음은 이런 반발에도 온라인 우표제를 시행했는데, 초기에는 70% 이상의 이용자들이 온라인 우표제 시행 이후에 스팸 메일이 줄었다고 응답했고, 평균 2000만에서 3000만 통 수준으로 한메일넷 트래픽이 60% 감소하는 등 효과를 보였다.[75] 그러나 결국 스팸 메일을 없애는 데 실패했고, 광고 메일을 보낼 때 기존과는 달리 비용을 지불해야 하는 기업체의 불만 제기 등으로 2005년 6월에 사실상 폐지되었다.[76]

2009년 야후에서는 센트메일CentMail의 베타 서비스를 시작했는데, 스팸 메일 발송에 과금하고 그 비용을 자선단체에 기부하는 이메일 서비스였다.[77] 이 시도 역시 실패로 끝났다. 다음의 온라인 우표제는 어떻게 보면 시대를 앞서갔다고 볼 수 있다. 최근에는 유럽연합의 일반개인정보보호규칙GDPR 발효에 따라 이메일 유료화가 다시 주목받고 있다.[78] 스팸 메일이 계속 우리를 괴롭힌다면 이런 이메일 유료화 시도가 다시 등장할 가능성이 높다.

96

The Email Design Conference

안녕, 덕후들

매년 여름이 되면 미국 보스턴에서 TEDCThe Email Design Conference가 열린다. 2013년부터 열린 이메일 마케팅 콘퍼런스이며, 이메일 마케팅의 기획과 전략, 디자인과 개발까지 다룬다. 2015년부터는 영국 런던에서도, 2016년부터는 미국 샌프란시스코에서도 열려 지금은 매년 3회 개최된다. 3회 행사를 모두 합치면 1000명이 넘는 이메일 덕후들이 모인다.

2015년에 이메일 마케팅 서비스 스티비 개발을 준비하면서 TEDC의 존재를 알게 됐고, 벼르고 있다가 2016년에 원조 격이자 가장 규모가 큰 보스턴 콘퍼런스에 동료이자 스티비의 임호열 프로덕트 리드Product Lead와 함께 참석했다. 이 콘퍼런스에 간다는 소식을 개인 블로그에 올리니[79] PUBLY

이메일 덕후 사전

에서 디지털 콘텐츠로 만들어보지 않겠느냐는 제
안이 왔고, 그렇게 PUBLY 프로젝트 '이메일마케
팅 콘퍼런스, 왕중왕을 가다 - TEDC 보스턴'이
시작됐다. 행사 주최 측에서 참석자 간의 네트워
킹에 공을 들였는데, 그때 주최 측에서 제시한 네
트워킹 가이드에 따라 저자의 트위터 프로필에 해
시태그 이메일긱스#emailgeeks를 붙여 현재 2018년
까지 이어지고 있다.

　트위터에서 이 해시태그로 검색하면 전 세계의
이메일 덕후들을 만날 수 있는데, 대부분이 TEDC
에 참석한 적이 있는 사람들이다.

(왼쪽 위부터) 캔버스 백, 티셔츠,
애프터파티 초대권, 볼펜, 콘퍼런스 가이드북,
버튼, 스티커 등 조성도 저자가 받은 TEDC 2016 기념품들.

조성도 저자가 다녀온 TEDC 2016 세션 전경.

97

2018
지메일
리디자인

UI만 바뀐 게 아니다

2018년 5월, 구글에서 리디자인한 지메일 웹 버전을 공개했다. 2011년 리디자인 이후 7년 만이다. 이번 리디자인은 '사용자들이 업무 생산성을 더욱 높일 수 있도록 돕는'[80] 데 초점을 맞췄다고 한다. 단순한 UI 변경이 아니라는 것이다. 먼저 목차 52에서 소개한 인박스의 주요 기능을 도입했다. 받은편지함에서 바로 첨부파일에 접근할 수 있도록 UI를 변경했으며, '다시 알림' 버튼으로 당장 확인하기 어려운 메일을 원하는 기간 동안 숨겨두는 스누즈Snooze 기능이 추가됐다.

구글 캘린더, 구글 태스크 등 자주 사용하는 앱을 사이드바에서 간편하게 불러올 수도 있다. 넛지nudge 기능이 특히 유용해 보이는데, 추가 확인이나 회신이 필요한 메일을 자동으로 파악해서 "3일 전에 도착한 메일입니다. 답장을 보내겠습니

까?"와 같은 메시지를 보여준다. AI로 구동되는
'스마트 작성Smart Compose' 기능은 메일을 작성할
때 받는 스트레스를 줄여줄 것으로 기대된다. 인
사말에서 맺음말까지 본문의 문장 전체를 제안해
서 메일을 쉽게 작성하도록 도와 준다. 예를 들어
받는사람의 이름이 '조성도'일 때, '안녕하세요'라
고 입력하면 자동으로 뒤에 '조성도 님'이 붙는 방
식이다. 반복적인 글쓰기를 줄이고 맞춤법과 문법
오류 가능성을 낮춰 메일 작성 시간을 획기적으로
줄여 준다. 심지어 금요일에 메일을 보내는 경우
에는 맥락을 파악해 "좋은 주말 보내세요"라는 맺
음말을 제안하기도 한다.[81]

2018년 5월 현재는 영어로만 사용할 수 있는
데, 조만간 한국어로도 사용할 수 있기를 기대해
본다.

이메일에 유효 기간을 설정할 수 있는 보안 기능도 추가되었다. 마치 스냅챗Snapchat 메시지가 연상되는 이 기능은 '보안 모드confidential mode'인데, 지정한 시간 후에 받는사람의 받은편지함에서 메시지가 안 보이도록 할 수 있다. SMS로 받은 보안 코드를 입력해야만 내용을 보게 할 수도 있고, 특정 메일에 대해 전달, 복사, 다운로드, 인쇄가 불가능하도록 지정할 수도 있다. '받는사람'이 지메일 사용자가 아니라면 보안 모드로 보낸 메일의 본문에는 내용 대신 지메일이 생성한 링크가 삽입되며, 그 링크를 누르면 메일 본문을 확인할 수 있다.[82]

피드백 워크숍

보낸사람: 김지영
받는사람: 조성도

이 책에서 다룬 101가지 목차는 2016년부터 조성도 저자가 온·오프라인에서 진행해온 피드백 워크숍에서 비롯되었습니다. 워크숍의 하이라이트는 참가자들이 실제로 업무를 수행하며 작성한 이메일을 분석하고 첨삭하는 시간입니다. 2018년 1월과 4월에 진행한 워크숍에 참가한 일잘러 김지영 팀장(가명)이 보낸 이메일 한 통을 전달합니다. 스타트업에서 일하는 김지영 팀장이 작성한 이메일은 워크숍을 통해 어떻게 바뀌었을까요?

98

'12~1월 내'

숫자 정보는
구체적으로

견적 내용을 고객에게 메일로 전달할 때 제작 내용, 예산 비용, 제작 일정을 정확하게 기입했는지 반드시 확인하자. 다음 장에 예시로 든 김지영(가명) 팀장이 작성한 이메일을 보자. 견적 1안과 2안에 대한 내용을 잘 정리했다. 하지만 예산 비용이 빠졌다. 제작 일정은 '12~1월 내'라고 전달했다. '1월 내'는 1월 첫째 주를 가리키기도 하고 1월 마지막 주를 가리키기도 한다. 모든 프로젝트의 마감일, 수정 기간, 발행일 등은 일별 혹은 주별로 명확히 전달하자. 숫자가 가진 정보는 프로젝트나 업무의 진행 여부를 타진하거나 결정하는 데 중요한 기준이 되기 때문이다. 부가 설명이나 상세 내용은 첨부파일 기능을 활용하자. 첨부파일에 대한 설명이 필요할 경우에는 짧고 간결하게 전달하자.

김지영 팀장이 고객에게 보낸 견적 메일

From	김지영〈kjy@——.co.kr〉
Date	2017년 11월 7일 (화) 오후 12:26
Subject	[회사명] 101 웹사이트 제작 견적 안내
To	정수영 〈***@——.com〉

안녕하세요. 정수영 님.
(회사명) 김지영입니다.
의뢰하신 101 웹사이트 제작에 대한 견적 안내드립니다.
제작 방식과 유형에 따라 두 가지로 견적을 산출하였습니다.

견적 1안
- 메뉴 구성: 회사 소개, 하는 일, 프로젝트 갤러리, 소식/공지 게시판
- 일반적인 웹사이트 제작 유형으로, 각 메뉴별 별도의 페이지를 구성
  - ex) 000, 000
  - 특징: 제작 후 콘텐츠 양이 증가할 경우나,
  - 추가 기능 개발을 고려하여 제작할 수 있음

견적 2안
- 비용을 절감할 수 있는 방안을 생각해보았습니다.
- Single Page 타입 제작
  - ex) 000
  - 전체 한 페이지 내에서 스크롤하여 정보 탐색
  - 섹션별로 회사 소개, 하는 일, 프로젝트 목록을 소개
  - 특징: 비교적 콘텐츠 양이나 요구되는 기능이 적을 경우 적합

디자인 스타일, 웹사이트의 기능 추가 여부, 전체 프로젝트 일정에 따라서
견적에 변동이 있을 수 있습니다. 목차99
희망하시는 제작 일정인 12~1월 내 오픈으로 목차98
작업 진행이 가능할 것 같습니다. 목차44 목차99
첨부한 PDF의 견적(1안, 2안이 함께 있습니다) 확인 부탁드리며, 목차98
더 자세한 내용이나 궁금하신 점은 아래 연락처로 언제든지 연락 주십시오. 목차100
문의 주셔서 감사합니다.

첨부한 PDF의 견적(1안, 2안이 함께 있습니다) 확인 부탁드리며,
더 자세한 내용이나 궁금하신 점은 아래 연락처로 언제든지 연락 주십시오.
문의 주셔서 감사합니다.

김지영 팀장이 보낸 견적 메일을 수정한 내용

From	김지영⟨kjy@———.co.kr⟩
Date	2017년 11월 7일 (화) 오후 12:26
Subject	[회사명] 101 웹사이트 제작 견적 안내
To	정수영 ⟨***@———.com⟩

안녕하세요. 정수영 님.
(회사명) 김지영입니다.
101 웹사이트 제작을 의뢰해주셔서 고맙습니다.
문의하신 견적에 대한 내용을 안내합니다.
제작 방식과 유형에 따라 두 가지로 산출했습니다.

- **견적 1안: 15,000,000원**
  - 메뉴 구성: 회사 소개, 하는 일, 프로젝트 갤러리, 소식/공지 게시판
  - 제작 유형: 일반적인 웹사이트
  - 각 메뉴별 별도의 페이지를 구성
    - 예시: OOO 웹사이트
    - 특징1: 제작 후 콘텐츠 양이 증가할 경우나,
      추가 기능 개발을 고려하여 제작할 수 있음
  - 제작 소요 기간: 약 6주 예상
  - 예상 오픈일정: 11월 10일에 착수한다면 12월 22일 오픈 가능

- **견적 2안: 9,000,000원**
  - 메뉴 구성: 회사 소개, 하는 일, 프로젝트 소개
  - 제작 유형: 비용을 절감할 수 있는 섹션별 목록 구성, Single Page 타입
    - 예시: OOO 웹사이트
    - 특징1: 전체 한 페이지 내에서 스크롤하여 정보 탐색
    - 특징2: 비교적 콘텐츠 양이나 요구되는 기능이 적을 경우 적합
  - 제작 소요 기간: 약 4주 예상
  - 예상 오픈일정: 11월 10일에 착수한다면 12월 8일 오픈 가능

비용이 변동할 수 있는 기준, 위 두 가지 견적에 대한 상세 내용을 PDF 파일로 첨부합니다.
파일을 확인한 후 궁금한 점은 부담 없이 문의해주십시오.
회신을 기다리겠습니다.

좋은 하루 보내세요.
고맙습니다.

99

"변동이 있을 수 있습니다"

딴소리 주의

김지영 팀장이 보낸 메일 중
'~변동이 있을 수 있습니다' 피드백 내용

- '견적에 변동이 있을 수 있다'는 것은 줄어들 수도 있다는 것인가?

- 디자인 스타일에는 어떤 스타일과 어떤 스타일이 있고, 어떤 경우에 어떻게 견적이 달라지는가?

- 웹사이트에 기능을 추가하면, 그 기능별로 견적이 얼마나 증가하는가?

- 프로젝트 일정이 짧으면 견적이 줄어드는가 혹은 그 반대인가? 제작 기간이 견적에 어떤 영향을 주는가?

비즈니스 이메일은 확실한 정보를 상대에게 전달하는 게 중요하다. 특히 비용이나 일정에 대한 사항은 가정 아래 의사를 전달하는 것을 삼가자.

100

"언제든지
연락 주십시오"

———

안 좋은 습관

무의식적으로 사용하는 사소한 말 한 마디와 언어 습관이 일과 삶의 균형을 잡지 못하는 근본적인 원인이 될 수 있다. 상대방에게 '언제든지 연락을 해도 된다'는 말은 '언제든지 즉각적으로 회신이나 응대가 가능하다'는 약속과 다름없다. 습관적으로 이메일을 빨리 맺기 위해 지키지 못할 약속을 하거나 필요 없이 낮은 자세를 취하는 건 아닌지 생각해보자.

물론 언제든지 연락을 주고받아야 할 만큼 중요하고 긴급한 상황도 있다. 이런 경우에도 가능하면 "주말에도 메일을 확인할 수 있습니다" "자정까지 통화 가능합니다" 등 정확하게 자신의 상황과 의사를 밝히자.

101

휴가를
당당히 알리자

———

저 유럽으로 날아간 직원이
얼마나 떳떳하냐

휴가가 예정되었다면 비즈니스 파트너에게 그 사실을 알리는 게 당연하다. 그 당연한 소식을, 어떻게 전달하면 좋을지 고민하는 사람들을 봐왔다. 피드백 워크숍을 진행하며 참가자들이 실제 업무 중 작성한 이메일을 첨삭하다 보면 휴가를 사용하는 데 '죄송하다'거나 휴가 중에도 이메일을 보내겠다는 약속을 하는 경우가 있다. 두말할 것 없다. 휴가 일정을 당당히 알리자. 정확한 기간, 업무대행자의 정보를 휴가를 떠나기 전에 미리 공유하자. 휴가 일정이 잡히자마자 기간을 전달하고, 휴가를 떠나기 전에 업무 대행자를 파트너에게 소개하자. 휴가 돌입 2~3일 전에는 인수인계 내용을 공유하자. 잘 쓴 이메일은 떳떳하다. 그 떳떳함은 일과 삶의 균형을 잡는 중심이며 휴가를 떠나는 발걸음에 날개가 된다.

○

수신자는 한가하지 않다.

이 전제가 책의 출발이며 우리가 이메일 작성법을 제대로 터득해야 하는 첫 번째 이유다. 수신자가 한가하다면 발신자 이름이 이상해도 내용과 아무 상관없는 제목이어도, 새벽에 이메일을 보내도 아무 문제가 없을 것이다. 발신자가 사고의 흐름대로 어지럽게 작성한 본문을 수신자가 이해하려고 여러 번 반복해 읽어도 한가하다면야 뭐 그리 대수일까. 문제는 우리 모두가 한가하지 않다는 데 있다. 비즈니스 이메일을 받는 사람들은 절대 한가하지 않기 때문에 자신이 아니라 상대방을 위해 이메일을 제대로 작성해야 한다. 이것을 '상대에 대한 무조건적인 배려'라고 생각하지 않으면 좋겠다.

이메일 마케팅 서비스인 스티비는 어떻게 하면 스팸 메일을 없앨 수 있을지를 고민하며 시작했다. 불법적인 스팸 메일도 문제지만 수신자에게는 도움이 되지 않고, 발신자가 하고 싶은 말만 하는 마케팅 이메일을 스팸으로 인식하는 점이 더 큰 문제다. 그래서 스티비는 마케팅 이메일 작성 과정에서 수신자의 입장이 되어볼 수 있도록 받은편지함 미리보기를 제공하고, 메시지를 명확하게 전달할 수 있는 에디터를 설계했다. 수신자가 읽기 편하도록 이메일을 작성하는 사람이 늘어나면 자신이 수신자일 때도 혜택을 받을 수 있다.

이 책을 읽고 나서 이메일 쓰기가 쉬워진 사람이 있을 것이고, 오히려 더 어려워진 사람도 있을 것이다. 나는 이 책을 작성하는 도중에는 이메일 쓰기가 점점 어려워졌다. 제대로 된 이메일 작성법을 전달하기 위해 리서치를 하다가 새로 알게된 사실도 있고, 비즈니스 파트너들 중에 "PUBLY 리포트 잘 읽었다"라고 인사를 건네는 분들이 있어 이메일 커뮤니케이션에 더욱 신경을 써야겠다는 생각이 부담으로 작용하기도 한다. 그런 과정을 거치며 지금은 예전보다 이메일 쓰기가 더 수월해졌다. 새롭게 알게 된 정보, 예전에 알고 있었지만 제대로 실천하지 못했던 방법을 신경 쓰며 이메일을 작성하다 보니 이제는 이메일 사용 습관이 업그레이드되어 별로 힘들이지 않고 실천할 수 있게 되었다. 만약 이 책을 읽고 이메일 쓰기가 더 어려워진 독자가 있다면, 긍정적인 성장통이라고 자신 있게 응원할 수 있다. 꾸준히 노력하다 보면 자신도 모르게 이메일 쓰기가 점점 쉬워질 것이다.

목차 6에서도 밝힌 것처럼 이메일이 만능이 아니라는 사실도 잘 알아두어야 한다. 어떤 이메일을 작성하는 데 너무 어렵고 시간이 오래 걸린다면, '이메일을 보내는 것이 과연 최선일까? 다른 방법은 없을까?' 하고 해결점을 스스로 찾아보는 게 좋다. 이메일 본문에 전달하려는 모든 내용을 집어넣으려고 할 때가 있는데, 그러다 보면 문장이 복잡해지고, 글머리 기호가 난무하고, 강조 표시를 여기저기 하게 된다. 이 내용을 엑셀 문서로 만든다면, 파워포인트 문서로 만들어 첨부한다면 이해가 더 쉽지 않을까 따져봐야 한다. 상대방에게 어떤 감정을 전달해야 할 때도, 글을 잘 쓰는 사람이라면 이메일로도 충분히 가능하겠지만 그렇지 않다면 전화를 거는 게 나을 수도 있다. 사과의 마음을 전할 때에는 이메일을 보내는 것보다 직접 찾아가서 만나는 것이 효과적일 수 있다. 여러 커뮤니케이션 수단 중에서 상황에 맞는 것을 적절히 사용해야 하는 것이지, 모든 문제를 이메일로 해결하려고 하지 말자.

이 책을 여기까지 읽었다면 당신도 이미 이메일 덕후이거나 앞으로 이메일 덕후가 될 가능성이 클지도 모르겠다. 한 가지만 유념하자. 이메일 덕후가 되더라도 이메일에 중독되지는 말자. 행동주의 심리학자로 유명한 버러스 프레더릭 스키너Burrhus Frederic Skinner는 '무작위 보상'이라는 개념을 만들었다. 상자 안에 있는 쥐에게 레버를 주고 레버를 당겼을 때 먹이가 나오게 했다. 이때 먹이를 주는 횟수를 1에서 100까지 무작위로 고르면 보상이 전혀 없더라도 쥐는 레버를 계속 더 많이 당기게 된다. 우리가 이메일을 확인하려고 레버를 당기면 동료의 급한 업무 요청이라든가, 화가 난 고객의 항의와 같이 보통은 실망스러운 결과가 나온다. 그러나 아주 가끔 레버를 당겼을 때 흥미로운 프로젝트 제안이나 고객의 칭찬 이메일과 같은 신나는 소식이 기다리고 있다. 무작위 간격으로 발생하는 그런 즐거움 때문에 우리는 계속해서 이메일을 확인하는 것이다. 이메일 중독에 빠지지 않게 이메일 실시간 알림을 가끔은 해제하고 더 중요한 일에 집중하자.

글 조성도

@주

1 평양에서 이메일이 왔다… 특사단 막전막후, 머니투데이, 2018. 3. 8.

2 Email Statistics Report, The Radicati Group, 2015. 3.

3 페이스북 월 활동사용자 수 20억 명 돌파, 블로터, 2017. 6. 28.

4 AMP for email is a terrible idea, TechCrunch, 2018. 2. 14.

5 온라인 저장소 서비스.

6 부호화encoding 된 정보를 부호화 전으로 되돌리는 처리 혹은 그 처리 방식. 보통 부호화 절차를 역으로 수행하면 복호화가 된다. 예) 동영상 파일 압축 시 부호화는 압축 알고리즘으로 변환, 복호화는 코덱으로 압축 해제.

7 대졸 취업자 '대학 때' 의사소통 능력 배웠더라면…, 한국일보, 2018. 4. 23.

8 　가장 먼저 쓰인 이메일부터 답장들이 쭉 이어진 리스트.

9 　이모티콘을 말한다. 일본어 '에모지繪文字. 그림문자'에서 유래한
　　영어 단어.

10 　How to Start an Email: An Email Openings Analysis of
　　300,000+ Messages, Boomerang, 2017. 12. 14.

11 　Adam M. Grant, Francesca Gino, "A Little Thanks Goes a
　　Long Way: Explaining Why Gratitude Expressions Motiva
　　te Prosocial Behavior", Journal of Personality and Social
　　Psychology, 2010, Vol. 98, No. 6, 946-955.

12 　Forget "Best" or "Sincerely," This Email Closing Gets the
　　Most Replies, Boomerang, 2017. 1. 31.

13 　Alternative Ways to Say "Thank You in Advance",
　　Grammarly, 2017. 9. 4.

14 　The 2017 Email Client Market Share, Litmus, 2018. 1. 25.

15 　The Best Times To Get Your Business Email Opened,
　　Based on Data From 20 Million Emails, Hubspot, 2017. 8.
　　30.

16 　내 보도자료를 기사로 만드는 10가지 팁, 프프스스, 2016.2.16.

17 　웹브라우저의 확장 기능으로 설치한 뒤, 지메일에 접속하면
　　해당 기능이 추가된 채로 지메일을 사용할 수 있게 하는 것.
　　참고: 구글이 G메일에 외부 애플리케이션을 연동할 수 있는
　　'애드온(Add-ons)' 기능을 공식 지원하기 시작했다. 외부 애
　　플리케이션을 G메일에 연동해 쓰려는 기업 시장의 요구에 맞

취 기업용 웹애플리케이션 패키지 'G스위트' 확산을 촉진하려는 포석으로 해석된다. 기사 '구글, G메일에 기업용 앱 연동 공식 지원' 중에서, ZDNet Korea, 2017. 10. 25.

18 Customer Relationship Management, 기업이 고객 관계를 관리하기 위해 필요한 방법론이나 소프트웨어 등을 가리키는 용어.

19 특정 페이지에 영구적으로 할당된 URL.

20 Email Trends Report: Mobile vs. Desktop, Campaign Monitor

21 Everything You Wanted to Know About Email CTA Buttons, Really Good Emails, 2016. 8. 18.

22 여러 사람의 이름과 이메일 주소가 들어 있는 데이터 파일을 이메일 본문과 결합해, 이름이나 이메일 주소 등만 다르고 나머지 내용이 같은 이메일 여러 개를 한 번에 보내는 기능.

23 CSVcomma-separated values는 몇 가지 필드를 쉼표(,)로 구분한 텍스트 데이터 및 텍스트 파일이다. 확장자는 .csv이며 MIME 형식은 text/csv이다. comma-separated variables라고도 한다. 위키백과, ko.wikipedia.org/wiki/CSV_(파일_형식)

24 The 15 Most Powerful Words in Subject Lines, campaign Monitor, www.campaignmonitor.com, 2014. 6. 17.

25 좋은 이메일 디자인을 위한 가이드(+체크리스트), blog.stib ee.com

26 The Steve Jobs Emails That Show How to Win a Hard-

Nosed Negotiation, www.theatlantic.com

27 정부 암호화폐 대책 단톡방 타고 샜다, 중앙일보, 2017.12.16.

28 What does the "22" in hillary clinton's secret e-mail stand for?, Vanity Fair, 2015. 3. 4.

29 최우창은 현 2018 PUBLY 프로젝트 매니저다. 이 책에서 프롤로그와 목차 55 등에 실렸다. 책에 등장하는 다른 인물만큼 유명하지는 않아도 책 안에서 막강한 영향력을 행사하는, 마치 책장을 적시는 가랑비 같은 존재감을 지녔다. 이 책은 2018년 PUBLY 디지털 플랫폼 publy.co에서 발행한 디지털 콘텐츠 〈비즈니스 이메일 101〉에 새로운 내용을 더해 만들었다. 최우창 PM은 이 책의 모태인 디지털 콘텐츠 〈비즈니스 이메일 101〉을 기획하고 제작했다. 그와 조성도 저자는 이메일 덕후답게 이메일에 대한 콘텐츠를 이메일로 신속, 정확, 긴밀하게 발전시켰다. 조성도 저자는 최우창 PM과 주고받은 이메일을 캡처해 책 곳곳에 예시로 사용했다.

30 Flickr founder plans to kill company e-mails with Slack, CNET, 2013. 8. 14.

31 고용부, 카카오에 '예약전송' 기능 요청…'퇴근 후 카톡' 개선, 연합뉴스, 2017. 9. 14.

32 Slack's Stewart Butterfield: 'We'll never kill email', The Telegraph, 2017. 5. 6.

33 7 Ways to Manage Email So It Doesn't Manage You, Jeff Weiner, 2013. 8. 6.

34 The email habits of Tim Cook, Bill Gates, and 16 other

successful people, www.businessinsider.com, 2016. 12. 21.

35 슬로워크에서 제공하는 서비스는 사전에 고객과의 상담이 꼭 필요하고, 프로젝트 기간이 4주 이상 소요되며, 결과물이 각기 다른 B2B 크리에이티브 산업이라는 점을 미리 밝힌다.

36 Email Address Extractor 링크: chrome.google.com/webstore/detail/email-address-extractor/kafpofaomkigncgeihallnooonbkdbpa

37 We filed 100 support tickets to find out how to send better customer service email auto-replies, www.atlassian.com, 2017. 8. 16.

38 매출 50배 증가한 7개월 우리는 이렇게 일했다, by 최정원, 브런치, brunch.co.kr/@choej1/6

39 MEET OUR TEAM, 깃랩 홈페이지, about.gitlab.com/team

40 PC나 노트북, 휴대폰 등 각종 저장매체 또는 인터넷상에 남아 있는 각종 디지털 정보를 분석해 범죄 단서를 찾는 수사기법, 네이버 시사상식사전, 제공처 QMG 박문각, www.pmg.co.kr

41 네이버 사내 '카톡 바리케이드' 풀었다, 아시아경제, 2018. 1. 17.

42 카카오톡 업무상 필요하다며 회사에서 사용 허용을 요청한다면…, SharedIT, 2017. 6. 14.

43 카카오 여민수 대표와 점심 식사를 했다, 바이라인네트워크, byline.network/2018/04/24-13/

44 박현우님 트위터, twitter.com/lqez, 2018. 3. 21.

45 (주 31과 출처가 같다.) 고용부, 카카오에 '예약전송' 기능요청…'퇴근후 카톡' 개선, 연합뉴스, 2017. 9. 14.

46 메일 위임 설정, Gmail 고객센터.

47 《딥 워크 – 강렬한 몰입 . 최고의 성과》 p.229, 칼 뉴포트 지음, 김태훈 옮김, 민음사.

48 《딥 워크 – 강렬한 몰입 . 최고의 성과》 p.9, 칼 뉴포트 지음, 김태훈 옮김, 민음사.

49 Email Statistics Report, 2014–2018, The Radicati Group, Inc., 2014

50 The Tyranny of Email – 10 Tips to Save You, Farnam Street, 2013. 6.

51 레이먼드 톰린슨 홈페이지, openmap.bbn.com/~tomlinso/ray/mistakes.html

52 '이메일의 아버지' 레이 톰린슨 사망, 뉴시스, 2016. 3. 7.

53 Official Biography: Raymond Tomlinson, Internet Hall of Fame

54 Gmail 공식 트위터, twitter.com/gmail, 2016. 3. 6.

55 골뱅이표, 위키백과.

56 @ at MoMA, MoMA, 2010. 3. 22.

57 Email, Wikipedia.

58 Shiva Ayyadurai, Wikipedia.

59 AP Removes Hyphen From 'Email' In Style Guide, HuffPost, 2011.3.18.

60 고려대한국어대사전.

61 At 30, Spam Going Nowhere Soon, NPR, 2008. 5. 3.

62 능률한영사전.

63 Ideas & Trends; Spamology, The New York Times, 2003. 6. 1.

64 Ballmer checks out my spam problem, ACME Labs, 2004. 12. 2.

65 Hotmail Storage Jumps to 250MB, PC World, 2004. 6. 23.

66 Email Apnea, Psychology Today, www.psychologytoday.com

67 The Connected Life: From Email Apnea To Conscious Computing, Huffington Post, www.huffingtonpost.com

68 피싱, 위키백과.

69 피싱이란 무엇인가?, 마이크로소프트, www.microsoft.com

70 LG화학이 당한 사기 수법 '스피어 피싱'은 무엇?, 이투데이, 2016. 4. 29.

71 (주 70과 출처가 같다.) LG화학이 당한 사기 수법 '스피어 피싱'은 무엇?, 이투데이, 2016. 4. 29.

72 '240억원대 이메일 사기' LG화학 합의로 마무리, 연합뉴스, 2017. 4. 22.

73 Gmail Is Very Popular But Google Still Won't Fix A Securi ty Vulnerability, Seeking Alpha, 2017. 7. 17.

74 다음(DAUM)의 온라인우표제: 성패(成敗)가 아닌 혁신의 관 점에서 보자, 현대경제연구원, 2002. 6.

75 온라인우표제 시행 한 달 업계 동향, ZDNet Korea, 2002. 5. 21.

76 다음의 온라인우표제 폐지는 '생존 몸부림', 한겨레, 2005. 6. 4.

77 Pay-per-email plan to beat spam and help charity, New Scientist, 2009. 8. 13.

78 A radical solution to the tedium of email spam, Financial Times, 2018. 3. 25.

79 The Email Design Conference에 갑니다, 조성도, medium. com/@pengdo, 2016. 7. 6.

80 더욱 새로워진 지메일을 만나보세요, Google 한국 블로그, 2018. 5. 4.

81 Write emails faster with Smart Compose in Gmail, Google, 2018. 5. 8.

82 Google told us more about how that 'expiring emails' feature works, MashableAsia, 2018. 4. 28.

일잘러를 위한 이메일 가이드 101

초판 1쇄 발행 2018년 5월 30일 | 초판 10쇄 발행 2024년 8월 19일

지은이 조성도

펴낸이 신광수
CS본부장 강윤구 | 출판개발실장 위귀영 | 디자인실장 손현지
단행본팀 김혜연, 조문채, 정혜리
출판디자인팀 최진아, 김리안 | 저작권 김마이, 이아람
출판사업팀 이용복, 민현기, 우광일, 김선영, 신지애, 이강원, 정유, 정슬기, 허성배,
정재욱, 박세화, 김종민, 정영묵, 전지현
CS지원팀 강승훈, 봉대중, 이주연, 이형배, 전효정, 이우성, 장현우, 정보길
영업관리파트 홍주희, 이은비, 정은정

펴낸곳 (주)미래엔 | 등록 1950년 11월 1일(제16-67호)
주소 06532 서울시 서초구 신반포로 321
미래엔 고객센터 1800-8890
팩스 (02)6455-8816 | 이메일 bookfolio@mirae-n.com
홈페이지 www.mirae-n.com

ISBN 979-11-6233-539-0 (03320)